图说名人

《图说名人》编委会 编著

歌德

挣脱烦恼的维特

Gede

Zhengtuo Fannao De Weite

南海出版公司

图书在版编目（CIP）数据

挣脱烦恼的维特——歌德 /《图说名人》编委会编著. -- 海口：南海出版公司，2015.9（2022.3重印）

ISBN 978-7-5442-7967-3

Ⅰ. ①挣… Ⅱ. ①图… Ⅲ. ①歌德，J.W.V.（1749～1832）－传记 Ⅳ. ①K835.165.6

中国版本图书馆CIP数据核字（2015）第204908号

ZHENGTUO FANNAO DE WEITE——GEDE
挣脱烦恼的维特——歌德

编　　著	《图说名人》编委会
责任编辑	张爱国　陈琦
出版发行	南海出版公司　电话：（0898）66568511（出版）
	（0898）65350227（发行）
社　　址	海南省海口市海秀中路51号星华大厦五楼　邮编：570206
电子信箱	nhpublishing@163.com
经　　销	新华书店
印　　刷	永清县晔盛亚胶印有限公司
开　　本	787毫米×1092毫米　1/16
印　　张	7
字　　数	80千
版　　次	2015年12月第1版　2022年3月第2次印刷
书　　号	ISBN 978-7-5442-7967-3
定　　价	36.00元

南海版图书　版权所有　盗版必究

前言

约翰·沃尔夫冈·冯·歌德，1749年8月28日出生于缅茵河畔的法兰克福。作为诗人、自然科学家、文艺理论家和政治人物，歌德是最著名的魏玛古典主义的代表；而作为诗歌、戏剧和散文作品的创作者，他是最伟大的德国作家之一，也是世界文学领域里一个出类拔萃的光辉人物。

歌德很早就对文学产生了兴趣。他首先把注意力投向了克洛普斯托克和荷马。14岁时，他就想参加一个田园诗协会。同时，他也喜欢戏剧，因此在法国占领期间他频频造访法国剧院。这对他的文学艺术生涯产生了深远影响。

歌德在一生当中，创作出了多部经典作品，《普罗米修斯》《克拉维哥》《神灵的问候》《少年维特的烦恼》《罗马哀歌》《私生女》《浮士德》等等都是人类文学宝库中永恒的经典。

作为青少年，在成长历程中，求知是最热切的希望，阅读是最快乐的体验。诵读歌德大师的作品，不仅能够培养和提高文学鉴赏能力，丰富思想，也能够增长智慧，从而选择正确的人生航向。

由于受生活时代的影响，歌德的作品里难免会出现细微瑕疵，所以在阅读时，读者应该辩证地评价与吸收，进而充分理解大师的心血之作，为自己提供精神营养。

 ## 少儿时代

7

呱呱坠地 / 1

顽皮少年 / 17

法军的占领 / 25

《圣经》的研究 / 33

 ## 志向比天高的"少年维特"

43

鹦丽德里克 / 43

夏绿蒂 / 56

《少年维特的烦恼》 / 70

无私的爱 / 83

梅因兹之旅 / 89

除神之外

丽丽的出现 / 97

订婚 / 102

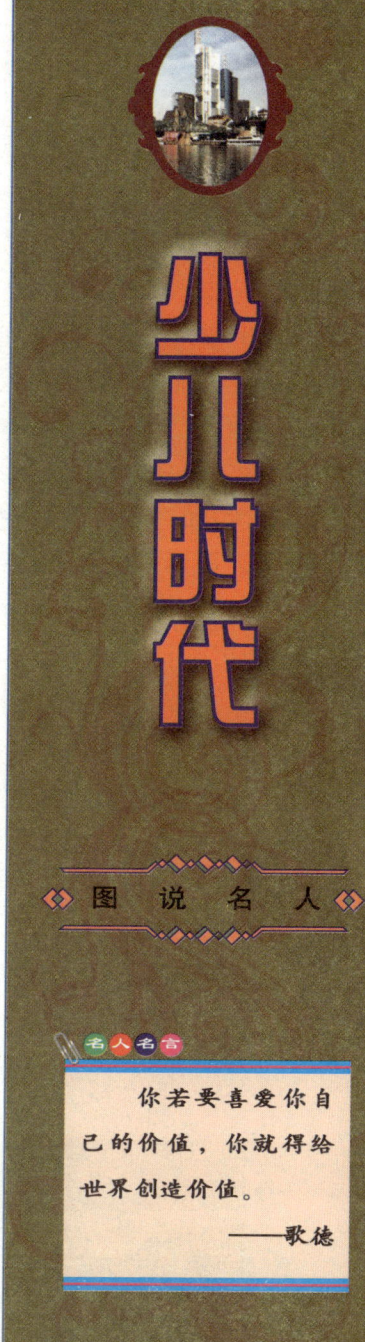

呱呱坠地

1749年8月28日，正午的钟声正在响起，我诞生于缅茵河畔的法兰克福。

由于助产士技术欠佳，我生下来时奄奄一息，经过种种手法，才使我得以成活。这事虽然使我的家人们备尝辛劳，然而对于同市的市民们却也带来裨益。我的市长外祖父约翰·泰克斯多，以此事为契机，聘请产科医师来实施（或者重新实施）助产士教育，相信此举能使得以后诞生的人们深受其利。

当我们回忆年轻时期，而且又是很早很早的时候所经历过的事情时，往往会把从别人那里听到的事和自己实际上经历过的事混在一块。根据我的记忆，我们住在原本是两幢、把中间的隔墙拆除后改成一幢的古老房屋里。

一座螺旋梯通往没有脉络的各个房间，各层的高低不等，即靠楼梯来调节。我们这些小孩，即妹妹珂内丽雅和我，最喜欢楼下那个宽敞的前厅。那儿的门边有木制格子窗，通过它可以直接和街道或户外的空气接触。这种像笼子样的房间，一般家庭多半有，那房间即称为格子间，在那儿，妇女们做做女红织织毛线，厨娘们拣拣沙拉，邻居女人们也在那儿闲聊。因为这个缘故，每逢春暖秋凉的季节，街道就显现出南方般的情趣。如此，人们就颇

> 你若要喜爱你自己的价值，你就得给世界创造价值。
> ——歌德

能与一般户外生活亲近，感受到某种自由的气氛，小孩们也是透过这格子间与邻居们接触。住在对面的已故前任市长的遗孤芳·奥森舒坦三兄弟，非常喜欢我，常与我做各种游戏，一起嬉耍玩乐。

他们平时一本正经而且看似幽默，却常唆使我干些小恶作剧勾当，我的家人们经常以此为谈资。这儿，我仅举出这些恶作剧中的一桩：那是刚好有陶器市集的日子。人们不仅已买齐了所需的厨房用具，也为我们小孩购备了些小件玩具。那个天气晴朗而美好的下午，家里亦无声响，我在格子间用我的器皿壶罐之类玩家家酒。我觉得玩腻了，便把一对食具扔向街道，它们痛快地碰碎，使我很兴奋。奥森舒坦兄弟们看到我高兴地鼓掌叫好，便大声叫嚷说："再来一个。"我立即把一对水壶扔过去。"再来呀。""再来一个。"在他们不停的叫嚷声中，我把一个个小碟、小锅、小瓶扔向街道。东西扔光了，他们还是叫嚷不已。能使他们高兴，这使我更加欣悦，可是手边已不再有东西可扔了，而他们依然在那儿大嚷大叫。于是我霍然转身冲进厨房里，搬来了陶制大盘子。这东西碰碎时必定是更痛快的。我就这样来往跑了好几趟，把食具架上所有能取到手的东西统统搬出来。他们还不满意，我只得把能拿到手的食具全扔出去，把它们摔了个粉碎。过了好久才有人来制止，可是不幸的事情已经发生了。这么多的

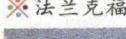
※ 法兰克福

挣脱烦恼的维特——歌 德

陶器被摔破,所得到的仅有回报是有了一个令人愉快的故事。特别是这恶作剧的祸首们,终其一生都把它当作趣事来谈。

我们所住的房子,原来是属于祖母的,这位老祖母把紧挨着前厅的一个大房间当作她的起居室。我们经常到祖母的摇椅边玩,祖母生病时就到她的床边。我所能忆起的祖母,是一位美丽、清瘦,一年四季都穿着一身白色洁净衣服的女人。祖母是个稳重、仁慈、亲切的人。

我家的那条街叫"鹿壕"街,不过既无壕沟,也从没有看见过鹿,因此我们都很想知道这个街道取名的来由。人们告诉我,那里从前不属市区,现今的街道原来有一道壕沟,饲养着几只鹿。这些鹿之所以被饲养在那里,是因为市参议会有一个古老惯例,每年须提供一只鹿,让大家大快朵颐。据说,每年到了这个祭礼的日子,即使别国的诸侯、武士们侵扰或妨碍本市的狩猎权,或在遭受敌人封锁、包围,也能够在这壕沟得到所需的鹿,所以才会饲养在那儿的。这故事使我们深感惬意。我们多么希望这种拥有驯养兽类的猎场至今犹在。

我家后面,尤其从楼上眺望,非常开阔,可看到一直扩展到市区外墙尽头的邻家庭园。可惜的是,当曾经是公共广场的土地变成私人家园之后,我家和二三户面向街角的邻居都被截去了一大片土地,而我们却因此再不能与这所近在咫尺的乐园融为一体了。

三楼有一个称为"庭园之间"的房间。这个房间,随着我的年龄渐长,成了我最喜欢的地方。吸引我的不是一种哀愁的情感,而是一种类乎憧憬心情的地方。从那儿可以越过上述的那所庭园、市区外墙,眺望到优美丰盈的平原,它一直延伸到赫希斯特。夏天,我多半在这房间里做功课,等候雷雨,并且只因窗口朝西,所以我就不厌不倦地饱览落日。同时也可看到邻居们在庭园里散步,照护花草,或者小孩们嬉戏玩乐,客人们闲聊谈笑的情景,有时还可听到九柱戏的球儿击倒柱子的声响,因此我的心里早已萌生了寂寞与憧憬。这些感情,加上我天生敏锐的预感,很早即显现了对我的影响,后来它还成为更显著的倾向。

这幢古老的房子,角隅多,到处阴暗,容易在一个小孩的心中引起恐怖心理。不幸的是,当时还采取在孩童们很小的时候起,就使他们去除对一切阴森可怖的事物以及看不见的事物的恐怖心,让他们习惯于应付可怕事物的教育方式。因为这缘故，我们小孩都必须独睡。有时我怎么也没法入睡，便偷偷地爬下床，想溜进佣人的房间，这时父亲便会把睡袍翻转过来穿上，使我们认不出是谁，站在我们面前，把我们吓回自己的房间。这一类事所产生的恶劣影响，任谁都不难想象。被双重恐惧压迫的人，又如何能逃开恐怖呢？母亲是个明朗快活，并且也希望别人明朗快活的人，她想出了更好的教育方法。她靠"报酬"来达成了目的。当时恰巧是桃子成熟的季节，母亲应许我们，如果能克服恐惧，第二天早上便让我们吃桃子吃个够。这个方法很成功，母亲和我们都感到十分满意。

在家里最令我感兴趣的是父亲用来装饰前厅的一系列罗马风景画。父亲平时虽然沉默，却也常常不厌其烦地为我们详细解说画上的事物。父亲对意大利语以及有关意大利的一切事物的偏爱非常显著。父亲还常把从意大利带回的大理石和博物标本给我们看。他把他的大部分时间花在用意大利语所撰写的游记上，亲自誊清、校订，一本一本缓慢而认真地完成。有一位年老而快活的意大利教师从旁帮助他。这位老者歌唱也颇出色，因此，母亲必须每天为他和自己的歌唱弹奏钢琴以为伴奏。因而不久我就记住了一首叫《寂寞阴暗的林子》的小调，虽然不懂意思，却能唱出来。

父亲大概可以被称为"好为人师"，尤其离开了工作岗位之后，更喜欢把所知的事和会做的事

※ 法兰克福西郊的赫希斯特

挣脱烦恼的维特——歌 德

传授给别人。婚后数年，他热心地鼓励母亲学习书法、钢琴与歌唱。母亲迫不得已，只好学了一些意大利语，熟悉了些技巧，以"装点门面"。

我们只要有闲暇，多半会到祖母那儿打发时光。祖母的房间宽阔，有充分的空间供我们玩耍。祖母用种种玩具供我们玩乐，也常用种种美味可口的食品，来提振我们的精神。但是，某年圣诞夜，她给了我们最大的恩惠。她为我们请人演了一场木偶戏，在我们这个古老的家庭创造出一个崭新的世界。这料想不到的表演，强烈地吸引住我们少年的心。我所受到的影响尤其深刻，它成了一种长久的巨大影响，久久未曾消退。

这小小的舞台有着默默无言的一班戏子，起初只是给我们观赏，后来则让我们自由使用，使我们也能够学习着演出。只因它是这位好祖母的最后遗赠，所以对我们而言，无疑是更为珍贵的。祖母的病不久就加剧了，我们不再被允许见她，终于祖母被死神之手永远从我们身边攫夺而去。祖母的过世使我们家族的状态为之一变，她的死对我们举家都具有一层深刻的意义。

祖母在世时，父亲不时留心着不使家里的摆设发生任何变动，也不从事任何的修缮。尽管如此，他在准备着大规模的修整，这是人人都知道的。如今祖母既已离去，修缮之事马上就被付诸实施了。

拆除与改造是一步步慢慢来的，因此父亲无意搬迁，不过一方面这也是为了更容易指挥并督促工事之故。父亲对建筑技术非常熟悉，同时他也不希望家人离散。这一段新奇的时光，对我们小孩来说，是完全意外而且不可思议的。以前，把孩子们锁在里面苦苦做那些并不有趣的功课的每一个房间，嬉戏惯了的走廊，以极度的小心维护着不受污损的墙壁，这一切的一切都在泥水匠与木匠的工具之下，从下往上崩塌，木梁上面的部分恍似飘浮在空中一般。我们目睹着这般情景，却又依旧被督促着做一定的功课——这种情况在孩童们的脑子里引起了一种混乱，好不容易才恢复往日的平静。但是，孩子们倒也不致感到不愉快与不方便。我们有了更宽阔的游戏场所，经常可以在木梁或木板上荡秋千，或玩跷跷板。

开始时，父亲固执地实施他的计划。然而，终于还是不得不拆下了屋顶的一部分，用剥下来的壁布，涂上一层蜡，覆盖在屋顶上，可是雨水还是流泻到我们的床上。

因此父亲只好不情愿地下定决心，把孩童们暂时托付给善意的邻居，并且送孩子们上公立学校就读。

在这一段过渡时期，发生了种种不愉快的事。以前，小孩们一直被隔离在家庭里，受着严格而高贵的抚育，现在忽然被扔进粗野的孩童们之中，必须意外地忍受一切的低俗、粗劣与鄙陋。我们都欠缺反抗它们并保护自己的所有武器与能力。

老实说，我正是这时候才第一次看到自己所出生的街市。我常在街道上走来走去，有时是自己一个人，有时与活泼的玩伴们一起。我渐渐地变得自由而任性。

在市区外墙内的街道闲逛，是我最喜欢的散步方式之一，我们决定每年都要来那么两三次。许多庭园、后院、后屋等，一直毗连到沿市区外墙的空地，可以窥见几千个居民的小小的、与世隔绝的秘密状态。从富家的华丽庭园到普通市民的果园，还有工厂、漂染厂以及诸如此类的设施，甚至连墓地也有——市区里正是一个小小世界——每移动一步，都会发生变化，多彩多姿，犹如一出奇异的戏剧，这对我们孩童而言，是永远不会厌倦的。

对我们来说，更重要而且更有益的是被称为"罗马人"的市府大厅。我们特别喜欢混进那儿楼下拱门的回廊。我们也被允许进入宽阔而极为简朴的市参议会议事厅。

进了市政厅以后，有时会被掷入市长接见前的混杂队伍当中。但是更吸引人的则是有关皇帝的选举与加冕礼的一切。我们得到门卫的同意，爬上画有崭新而明亮的壁画、平时用格子门关住的皇帝楼梯。有着狸红的布幔与用奇异青草图样的金色边饰装饰起来的"选举厅"使我们肃然起敬。我们以最大的兴趣，观赏着画有小孩们的门——有盛装时的皇帝装束和满身都是加冕礼制服装扮的守护神们的

※中文版《歌德诗歌精选》

挣脱烦恼的维特——**歌　德**

※ 歌德故居

奇妙身姿，心中不禁油然生起哪天能亲眼看见加冕大典的冀望。

　　在这样的生活环境里，才不过半年光景，那大集市的热闹场面又来到了。它永远在每个孩童的脑子里，几乎引起令人不可置信的快活与兴奋。街市上搭起了无数摊位，因此在短暂的时间里出现了新街路，杂沓与喧哗、商品起卸与启包，这一切煽起了难以压抑的强烈的好奇心与无止境的幼稚的拥有欲。年幼的我，想倾尽小小荷包里的所有，来满足这样的欲望。然而却也同时获得了有关世界上所生产的东西、世界所需要的东西以及世界各地的居民互相交易一切物品的粗略观念。

　　在这期间，房子装修与改造已告完成。因为事前有了通盘的考虑与准备，所需金钱也准备妥当，因此所需时间也相当短暂。我们终于能一家团聚，重返和乐的气氛当中。凡是经过巨细无遗所考虑的计划，一旦实现，纵使在为达目的而采取的手段上有若干不愉快之处，这些不愉快也终将被遗忘。新的房屋作为私人住宅而言，是十分宽敞的，并且明洁清亮，楼梯也够宽够大，前厅通风情况良好，还可以从几个窗口眺望到附近的庭园。内部装饰还在逐渐进行，它虽然也是工作，却同时亦为一项赏心乐事。

　　最先着手整理的是父亲的藏

7

书，其中犊牛皮面以及皮背装订的书册，被用来装饰父亲的办公室兼书斋的墙壁。父亲有一些荷兰版本的书籍，这些书为了统一外形，因此搜集的全是四折版本。还有很多有关罗马古代美术及法律方面的典籍。当然，意大利最优秀诗人的东西也不缺，其中父亲似乎特别喜爱达梭。最近出版的游记一类的图书也有。

继而是以前在旧房子里到处悬挂的画，这次是全部集中起来，一律用金边黑框的画框框起来，整齐地立排悬挂在书斋隔邻一个舒适的房间里的墙上，父亲的主张是，与其搜集评价不一的已故大画家的作品，不如鼓励在世的名家多多创作。根据父亲的想法，画与莱茵葡萄酒完全一样，葡萄酒贵在陈年，可常常次年也可产生同样优异的产品。只要经过若干时日，新酒也会变成旧酒，同样地醇美，甚或风味更佳。为了证实这意见的正确无比，父亲特地做了如下的说明：许多古画，主要是因为增加了一抹黝黑茶褐颜色，所以才受喜爱它的人特别珍视，并且这种画的沉着色调，也常常受到赞赏。对于这一点，父亲总是断然表示：我一点也不担心新画将来不会增加黝黑，但是，如果新画因为增加了黝黑便以为价值也跟着增加，这我是不会同意的。

然而的我少年之心，因为一件异乎寻常的世界性事件而首次受到深切的震撼。1755年11月1日，里斯本发生地震，在长久习惯于和平的世人面前，展现出巨大的恐怖。这个华丽的既是商埠又是港埠的大首都，突然间遭受到最可怕灾厄的侵袭。大地摇撼，海水汹涌沸腾，船舶互相撞击，房屋崩塌，众多寺塔倒在其上。王宫的一部分被海水吞噬，裂开的大地似乎就要喷出火焰——因为废墟中到处都升起了烟与火焰。在前一瞬间还活得快快乐乐的6万多人就这样没了。大火狂烧，同时一直隐匿着或者因这一场变故而得到解放的一群罪犯，大肆骚扰市民。幸存的不幸的人们，面

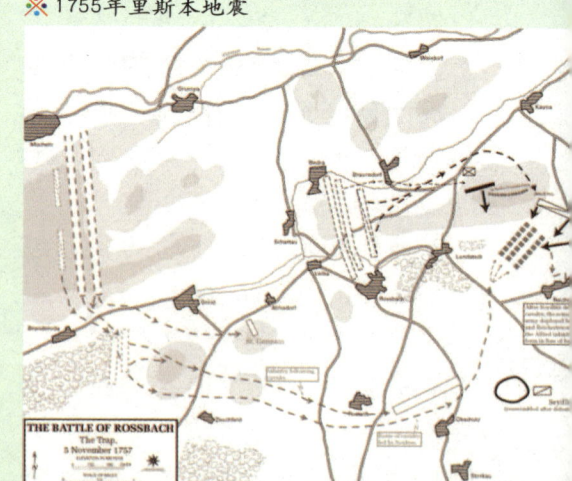

※ 1755年里斯本地震

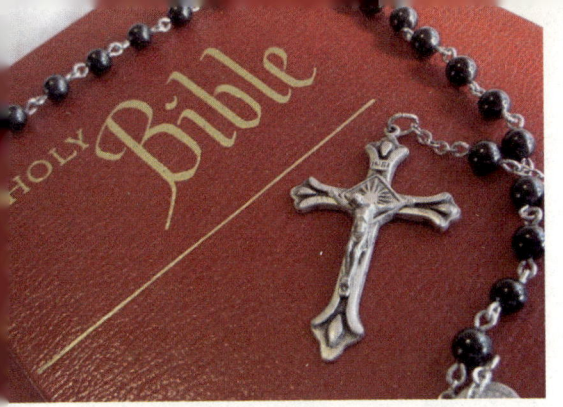

※《圣经》

挣脱烦恼的维特——歌　德

临掠夺、杀戮以及一切暴行虐施。大自然就这样继续着无穷无尽的肆虐。这对似乎已经失去了对这一场灾祸的感觉与意识的人，才可算是最幸福的了。

由于有关这次突发灾难的广泛影响，从各方面传来越来越多的详尽报告，人们的心被别人的不幸所摇撼，对自己以及家人的忧虑也越发地使人苦恼。真的，从来也不曾有过像这样的事件发生，恐怖的恶魔这么迅速、这么激烈地把它的颤怵扩展在地面上。

我也被迫听到了不少有关这一切的情形，它使我深为激动。在我的心胸里，天地的创造者及维护者——神，根据信条第一条的说明，是睿智而仁慈，然而他却正邪不分地使人们统统绝灭，这就不能证明神是万物之父了。我那幼弱的心灵，为了与这样的印象抗争而独自努力挣扎。这种现象应如何解释，连贤人与学者之间都不能有一致的看法，我稚弱的心灵不能平复，这是自然的。

下一个夏天，我终于有了在身边不远之处，认识《圣经·旧约》里屡次提到的愤怒之神的机会。有一天，忽然天降冰雹，将我家向西的新窗玻璃打得粉碎，新的家具也受到损伤，两三幅重要的画和若干其他贵重物品也遭损坏。对一个孩童而言，那是可怕的事。慌乱的佣人们把小孩子们拖拉到阴暗的走廊，双膝跪地，发出可怕的声音嚷叫着想平息神怒。这又使孩童们的恐惧心更趋深切。其间，唯一泰然自若的父亲，把窗子拆了下来。许多玻璃虽然获救，可是继冰雹之后来了一场大雨，结果是为雨水大开方便之门。

好不容易恢复镇静时，房间前与楼梯上都是一片流水。

这些事件，当然对我们的生活造成了妨碍，但还不至于使父亲亲自为我们上的功课中断。父亲青年时代就读于柯堡的一所学校，那是全德意志的第一流学校之一，父亲在那儿打好了语言学以及其他学问的优良基础，其后他在莱比锡专攻法律学，最后在基森得到学位。

自己所欠缺的，想在儿子身上实现，这是所有父亲的愿望。这好比是在世上再多活一次，使第一趟的人生航程能够功德圆满。父亲对自己的知识深具信心，且确信能够坚忍持久，另一方面对当时的教师则未能有充分的信任，所以下定决心，要亲自教育自己的儿子，打算仅把他认为必要的科目交给本行的教师来担任。

父亲的一生，到目前为止大体上能如愿以偿。我也被决定和父亲走同一条路，但必须比父亲更舒服，而且前进得更远。父亲对我的才华，因为他更加了解我，所以评价更高。他自己的一切，是靠不可言说的精勤、忍耐与反复，方才获得的。他平时，有时是一本正经的，有时是半开玩笑的，向我明确表示了不少次：如果我有你的天分，我必定用另外一种方式来干，我一定不会像你这样，把才能轻易地浪费掉。

依靠迅速地理解、消化与记忆，很快地我就对父亲以及其他教师们所能给予我的教育，感到不满足。话虽如此，但却没有一门学科是打下了坚实基础的。我认为文法是一种任意的法则，所以不喜欢。许多规则，我也觉得无聊之极，因为它早已因大量的例外，而不再是规则了，这些例外却又需全部记住。语言的形式与用法，我都能轻易领会。另外，对于某些事物概念里所包含的意义，我能轻易体会到

并表达出来。学习上的事项与命题作文等，虽然有时因文法上的错误而不免被责，但确实没有一个比得上我。不过最让父亲高兴的，正是这一类论文。父亲屡次给我很高的奖赏。

在我背诵哲拉留斯的同一个房间里，父亲教妹妹意大利语。因为我很快地做完了自己的功课之后，还必须静坐在那儿，所以我把自己的课本搁在一旁，倾听妹妹的功课。我发现意大利语是拉丁语的一种有趣的变形，所以兴趣盎然，因而很快地就学会了意大利语。

有关记忆与观念的联合，还有其他种种方面的我的早熟，正和借此能力而很早就博得声名的孩童们一般无二。因此父亲看来几乎等不及我升入大学的样子。在很早的时候，父亲就已向我宣告，我必须在他所欣赏的莱比锡，与他一样地研究法律，然后再在别的大学获得学位。关于这第二所大学，我选哪一所他都没有异议。不过唯有对于哥丁根，不晓得怎么，多少抱有反感，这在我是一种遗憾，不为别的，因为我对这所大学抱持着很多的信赖与很大的期望。

父亲还告诉我，可以到威兹拉或雷根斯堡，然后是维也纳，再从那儿到意大利。不过他还反复地说过，最

挣脱烦恼的维特——歌 德

※ 多瑙河畔的雷根斯堡

先值得一看的,是巴黎,否则从意大利回来以后,没有一样是有趣的。

我以欣悦的心情,听了这一类有关我未来青春航程的梦幻故事,尤其因为它最后都是以意大利和拿波里的描写来结束。每当话题转到这上面的当儿,父亲那平时一本正经而严肃的态度解除了,好像还添加了一股活力。我也多么愿意置身于这种乐园之中,这种强烈的愿望,在我那幼小的心中喷涌而生。

家庭教育课程逐渐增多,我便与邻近的孩童们一起接受教育。这共同的课业,对我并没有多大益处。教师们流于旧习惯,使用机械式的教授法,另一面我那些小同伴们又不守规矩,有时甚至做出含有恶意的举动,使得在有限的上课时间里,造成动摇、不愉快与妨碍。

我们这些孩童每逢礼拜天都聚集在一块,拿出各自的诗来传看。有一次我有了不可思议的经验,使我不安了好久一段时间。我不得不认为自己写的诗,不管是怎样的,都比人家的强。然而,不久我就发现,那些提出非常蹩脚作品的竞争者们,也都和我一样,自以为绝不比人家的差,这还不算,使我更觉奇异的是一位毫无作诗能力、人却顶不错的少年,我虽然一向都对他抱着好感的,而这位少年让自己的家庭教师替他捉刀,他不仅认定那是最好的作品,而且竟然还相信那是他自己所做的作品。只因我与他比较地亲近,所以每次他都明显地向我这么陈述。我被迫看清这种谬误的妄想，一天禁不住地想：我是不是也与他们完全一样呢？那种诗是不是确实比我的强呢？我觉得他们都愚不可及，是不是我在他们眼光里也同样地愚不可及？这使我不安了很久很久，因为我还完全不能找到判断真实的外在准绳。不仅如此，我还因此中断了我自己的诗创作。但是一种不在乎与自信，加上开始注意我们这一类游戏的教师与双亲，让我们即兴做有关诗的答卷，终究使我的心里有了着落。这一次的考试我漂亮地通过，赢得了大家的赞赏。

正如夏日里一家人同去散步，却突然遇上一场雷雨，欢乐一变而为垂头丧气一般，孩童的病也会出乎意料地，在幼年时代最美的季节里突袭而来。我也毫不例外。当时正是我刚买了那个背着一只小口袋，戴着一顶魔帽的"佛多那杜"的时候。我忽然觉得不舒服、发热，原来这是天花的预兆。接种牛痘，在当时的德国，依然受到怀疑，报纸杂志的记者们虽然以平实明晰的笔法说明，大力宣传，可是德国的医生们都认为那是侵害自然之举，不敢贸然施行手术。因此善于投机的英国人就来到欧陆，为一些富裕而少偏见的人们的子弟接种，索取巨额报酬。因此之故，大多数的人们仍然置身于这种自古以来的灾厄

之中。病症在各家庭里肆虐，杀死了众多的孩童，或使他们变丑。并且，虽然有很多成功的实例，证实确为有效，而有勇气接受手术的双亲还是寥寥无几。此病终于也侵犯我家，激烈地向我袭击过来。我的全身长了满满的痘疮，面孔也被整个覆盖住，数日间眼不能视，痛苦异常。家人们为了减轻我的痛苦，应许给我所需要的任何东西，只要我能保持安静，不摩擦不搔抓，以免使病况恶化。我克制自己，忍受痛楚。可是人们都依照当时一般的偏见，尽可能地为病人保持温暖，所以病势越来越重。好不容易地

知识链接

意大利语

意大利语是意大利共和国以及瑞士联邦的官方语言之一（官方语还包括其他三种语言：德语、法语、罗曼什语），属于印欧语系罗曼语族西罗曼语支。

一些人认为意大利语是世界上最美的语言。意大利语听起来十分优美动听，人们夸赞意大利语像和风一样清晰，词汇如盛开的鲜花。意大利语被誉为最艺术和最富有音乐感的语言之一。

才挨过了凄惨的时光，开始从我脸上揭去那面具般的东西，还好没有留下显著的瘢痕，不过面容却为之大变。我能够重见天日，皮肤上的瘢痕也逐渐消退，已经使我心满意足，可是别人却偶尔还使我想起以前的情形。特别是曾经把我当作偶像的一位非常活泼的姨母，直到很久以后，每次看见我就嚷叫："哎哎，你真是成了丑八怪啦！"她总是诉说从前我是她心中如何欣悦的源泉，带着我走时，如何惹路人侧目。就这样，使我从很早的时候就知道了人这东西，常常会对我们所给予的慰藉付出痛苦的代价。

麻疹、风痘等，还有其他被视为年少时期克星的病，简直没有一种饶过了我，而每当染上之时，家人们便表示，这么一来这种病就可以免疫了，是一件大可庆幸的事。可悲的是，在这瞬间，另一种病已经又在不远的地方等候着。这一切，使我养成了一种冥想的癖好。为了免去焦躁的痛苦，我已积了不少忍耐的功夫，故此，虽然斯多噶派那些被称赞的诸多德行，似乎是颇值得学习的，然而基督教的忍从也劝世人做同样的忍耐，因而这方面的倾向也就愈益加强了。

既已提到家人的病，所以我想顺便在此回忆一下比我小三岁，染患了同样病症，受了不少痛苦的弟弟赫曼·雅多。他生就纤柔文静，性格顽固，我们之间从未体验过手足之情。他几乎还没过完幼年时期就死去。同样未能享受到多少生命的几位弟妹们之中，我还记得唯一的非常美貌可爱的女孩子，可是这个妹妹也不久就过世了。因此，几年之后就只剩下我与我的另一个妹妹两人，也是由于这个缘故，我们之间的手足之爱才来得格外深切。

这些接踵而来的病和其他的不愉快障碍，带来了双重的麻烦后果。事情是这样的：父亲似乎一直在记载着一种教育日记或者课程日志一类的东西，如今为了立即赶上功课，强派给我加倍的课业。完成它虽然不十分困难，然而此举阻止了已经有了决定性方向的我的精神发展，甚至还使我倒退了一些，这一点倒是一件痛苦的事情。

逃避这一类教授法与一般训育上的压迫的避风港，多半是在外祖父母那儿。

不过使我们对这位可敬的外祖父的敬畏之心提高到顶峰的，乃是他具有预言能力这一事实，尤其是我们确信他对他自己的命运，拥有天赐的预言禀赋。外祖父除了对外祖母以外，从未明白吐露过他内心里的感觉，然而我们知道靠一种灵梦，可预知一切即将发生的事情。

知识链接

麻疹

麻疹是由麻疹病毒引起的急性呼吸道传染病。临床症状有发热、咳嗽、流涕、眼结膜充血、口腔黏膜有红晕的灰白小点。单纯麻疹预后良好，重症患者病死率较高。病人是唯一的传染源，自发病前2天（潜伏期末）至出疹后5天内，眼结膜分泌物，鼻、口咽、气管的分泌物中都含有病毒，具有传染性。

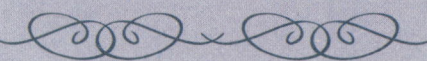

例如，他还是一个年轻的市参议会议员之一的时候，曾向外祖母预言，下次陪审官出了缺，他一定会被任命就任那个位子。其后不久，陪审官之一忽然中风而死，外祖父就在举行预选与决选的日子里命佣人暗地里做一切招待贺客的准备。表示最后决定的金球，果然为外祖父取出。他将告知他这结果的一个简单的梦，告诉妻子：他一如往常出席市参议会，议事经过亦一如往常。突然，如今已身故的那位陪审官起身离席下来，向他郑重其事地打了个招呼，要求他去坐空下的席位，然后扬长而去。

市长逝世时也发生了同样的事。通常这种时候，市长的空位是不能悬缺太久的，因为由皇帝来任命市长的古老权限，有再次被搬出来之虞。这一次，到了半夜才由参议会执事通知第二天早上召开临时议会。执事的灯笼里的火快熄了，他便请求送给他一截蜡烛。"给他一根新的，因为这个人完全是为我在奔忙的。"外祖父这么向女佣说。结果正是由他出任下一任市长。据说，更奇异的是，决选的时候，他的代理人轮到第三个取出球，两只银球次第被取出，最后的金球为了他留在袋底。我们这些孩童，与别的功课同时，也接受了宗教教育。它持续不断，程度也逐渐提高。但是，我们被教的新教，其实不过是一种道德，根本就不能希望有什么精彩的讲义。那种教义，对我们的灵魂也好，心情也好，都不能产生震动。也因为这个缘故，有许多人脱离了公认的教会。

少年时期的我，不断地被告知了这一类的种种见解与意向。不管是圣职人员还是一般老百姓，都分成赞成与反对两方。虽然脱离教会的人居少数，而这些人的意向却是因其独创性、信实性、坚忍与独立自主，而颇具吸引力。有关这许多德行以及这些人的言论，传闻很多，尤其是一位信念虔诚的铁皮匠的话，宣传遐迩。有个他的同行问他："你的告解神父是哪一位？"这人是想让他出洋相的，可是他却那么快活地，并且充满自信地回答："我有一位非常高贵的告解神父。他不是别人，是大卫王的告解神父。"想来必是这一类事给我少年的心灵打下深刻印象的吧，我居然有了同样的想法。总之，我想到要直接接近自然而伟大的上帝——天地的创造者、维护者。曾经体验过的诸多神的愤怒表白，只因这世界之美与今世宠赐给我们的恩惠，而早已抛诸九霄云外。到达神的道路，是极其不可思议的。

少年时期，我总是坚决信任第一条教义。我觉得，神是和自然直接联结在一起的，应该认为自然只是作品并热爱它，这才是真正的神，这样的神既能进入与人及其他一切事物更紧密的关系之中，并且也能像对星辰的运行、时辰与季节、植物与动物等那样，对人类也普施其关爱。在《福音书》里，便有若干章节明示这一点。对这样的神我实在不能给予任何形象。因此我想，只有在神的作品中寻求神，也希望能像《圣经·旧约》那样，为神筑一个祭坛。我想到以天然产物来比拟世界，在它们上面焚火，以表示渴求创造主的人类心情。于是我从家里现成的、不知不觉间增多的天然产物的搜集之中，拣出最好的铜块与标本。可问题是，如何才能把它们堆叠起来呢？父亲有一把刷了红漆并有金色花图样的漂亮乐谱台，它呈四面金字塔形，有不同高度的几个层面，是四部合奏最方便的东西，最近几乎没有使用过。我把它取过来，在每个层面上堆积了自然的代表物，结果成了非常美观、并且似乎还蛮有意思的东西。

某一天凌晨，家里决定在日出时举行第一个礼拜。但是那位年轻的司祭一时不能决定如何燃烧起火焰，因为燃起火焰的同时还必须放出芳香。终于我想到了使火焰与芳香一齐放出的方法。因为我正有一只虽不能大放火焰、却也能让火苗燃烧起来、同时又可以飘出香味的熏香烛炉。不只这些，我还觉得火苗微起的同时升起一缕缕烟，比熊熊火焰，更适合表现在心中所颤动的东西。

太阳早已升起，不过邻近的房子遮住了冬天。终于太阳越过那些屋宇开始出现。我立即取过点火镜，把放在陶制盘里搁在祭坛上的熏香烛炉点燃。一切都顺利进行，礼拜仪式也次第完成。这个祭坛，以后即存放在为了我而开启的这新居的一个房间里,它在任何人的眼里,都是装饰得美轮美奂的标本搜集,然而我没有把属于我自己的秘密告诉别人。我真希望能再做一次那种仪式。原来,不巧的是那个时候,太阳虽正好升到恰好的地方,但是那只陶制盘子却不在身边。我只好把熏香烛炉直接竖在乐谱台的上层点了火。只因祷告是长篇大论的,所以当司祭明白过来这供物造成了怎样的损害时,已经无可挽救了。蜡烛的火烧大了,竟将红漆与金色图样烧焦,一如魔鬼消匿后的痕迹,留下了无法擦拭掉的足迹。那位年轻的司祭慌了手脚,他总算用几块上好的铁块遮掩了伤痕,但是已不再有勇气上供新的供物。我想,这种偶然的事故,可以看作是教训人们用这种方式来接近神是如何危险的暗示与警告。

※日后集剧作家、思想家、诗人、政治家等成就于一身的约翰·沃尔夫冈·冯·歌德

挣脱烦恼的维特——歌 德

顽皮少年

以上所谈,无一不是在表示着长久的和平,全国处在幸福安稳的状态之中。然而,为了享受这美妙的时光,恐怕没有比拥有自己的法律,而且广大得足以容纳相当数量的市民,并且又占着可借商业与交易使人们富裕的绝好地点的都市更合适的吧。外来的客人都可以出出入入,人人均赚得利益,不过为了获得盈利,非给这儿也带来利益不可。这种都市多半没有广大的地区可资控制,但也因此才可以使它本身更富裕,因为从它的对外关系而言,它不必担负需要巨额经费的企划,也不用背

※腓特烈二世

负协力的义务。

我幼小时期的法兰克福市民就这样过着幸福的岁月。然而1756年8月28日，我刚满7岁，爆发了那一场著名的战争，对我生涯的下一个七年，产生了莫大的影响。普鲁士国王腓特烈二世以6万兵力入侵撒克森，且没有预先宣战，事后始发表声明。根据人们的传闻，这声明是普王自己起草的，揭示他之所以不得不采取这重大措施的原因，以及他有这种权利的理由。世界不仅作为一个旁观者，同时也非做一个审判者不可，故此立即分成了两派，而我家正好也是这世界的缩影。

我的外祖父曾经以法兰克福的陪审官身份，为法兰西斯一世的加冕礼撑过天盖，拜领过皇后颁赐的有肖像的名贵金链，他与女婿、女儿们是属于奥方。父亲曾由查理七世任命为宫廷顾问官，深深同情这位不幸的君主，因此与家族其余的少数人倾向于普王。几年来每逢礼拜必团聚，从未间断的我们一家，从此不再聚首。亲戚们之间常见的一家不和，如今渐渐形成了。有时互相争论，壁垒分明；有时不闻不问；更时而突然怒斥叫嚷。曾经是明朗、文静、好好先生的外祖父，也变得急躁暴烈。女人们偷偷地想把火弄熄，却是徒劳无功，经过两

三次不愉快的场面之后，父亲第一次从这集会离去。如今，我们可以在家里肆无忌惮，尽情地为普王的胜利而称庆了。

我也是属于普方的，说准确些，就是拥护腓特烈的。其实普鲁士与我们有什么关系呢？能敲动所有人心弦的，不外是腓特烈大王的人格。我与父亲为我方的胜利而高兴，欣悦地抄写了许多胜利之歌，而更使我们乐此不疲的，则是对敌方的讽刺之歌，即使连歌词的低俗也毫不在意。

我是长孙，且又由外祖父命名，所以打从幼小时起，每个礼拜天都与外祖父母一起用膳，这也是一个礼拜当中我最快乐的时光。但是，如今什么山珍海味，在我都索然无味，因为我不得不听到心目中的英雄，残忍地受到诽谤。在那儿吹的是跟我家不一样的风，响的是不同的曲调。我对外祖父母的爱戴，甚至尊敬，逐渐衰退，可是我却不能在双亲面前形之口舌，我之所以不说出来，一方面是由于我自己的感觉，另一方面则是因为母亲的告诫。为此，我常自我反省。一如我6岁时，里斯本发生大地震之际，神的慈悲成为可怀疑的事一般。同样地，如今我开始为腓特烈二世而怀疑大众的公正。我的心情

挣脱烦恼的维特——**歌 德**

※虽然大地震给里斯本造成了毁灭性打击,但是很快,这里又恢复了繁荣与生机。图为里斯本今貌

生来就容易敬畏别人,非有巨大的震撼,便不能使我对某种可敬事物的信仰发生动摇。可惜的是良风美俗,彬彬有礼的举止,都非为其本身,而是为世间而遵守,这就是我被教育的。人们挂在嘴边的口头禅是:"人家会怎么说呢?"所以我以为世间的人们都是堂堂正正的,凡事都能下公正评价的。而如今我所体验到的,却是恰恰相反。最伟大的、最显著的功勋,遭到詈骂,受到敌视;最崇高的行为,纵然未被否认,却至少被歪曲,被轻视。并且,这么可耻的不公正,居然加在那位在同时代人们当中那么明显地出类拔萃,那么无可比拟,而且天下都证实着其卓越能力的人物头上。不仅如此,这还不是一般俗众的所为,而是我一直认为了不起的人物,好比祖父与叔父他们那些人。有种种的党派——不,我自己竟也属于某一个党派之中,这对于少年的我,实在是匪夷所思的。

我和我的伙伴们都确实承认玛莉亚·泰丽莎的美貌及其他优美之处,对于皇帝法兰西斯,也不以为他的热爱宝石与金钱是多么恶劣的事。因此之故,我愈益相信自己的公正,认为自己的想法才是较为优越的。

如今细细想来，我似乎就是在这当儿萌生了对大众的蔑视感。这样的心情，终我一生未远离过我，不过到了很久以后，始靠识见与教养加以矫正过来。总而言之，在那么早的时候就看清党派的不公正，对一个少年来说，不独是件不愉快的事，抑或也是有害的，因为我就是由于这缘故，而养成了远离自己所热爱所敬重的人们的习惯。

一向就厌恶谎言与伪诈，也自问决不轻薄。宁可说，内心的一本正经显现在外表上，而这也正是我很早就观察自己以及世界的态度。并且由于我故意保持某种矜持，因此不免有些善意的讽评，也有些嘲笔。当然，我也并不是没有精选的优秀朋友，但是比起那些泛泛之辈，总居少数。那些人们常以粗野而任性的态度恐吓我们，并以此引为快事。再者，当我们耽于由我想出来而大家一起来参加的那种童话式的梦境之际，他们就无情地把我们喊醒。于是我们就再次发现，为了忍耐不可避免的邪恶，或者抵抗它，以代替沉溺于软弱的趣味或空幻的愉悦，当然而然必须锻炼自己。

因此之故，我以小小年纪，尽自己所能从事修养心性，这种克己精神的锻炼，同时亦包含着忍耐肉体上的痛苦在内。我们的老师常常揍打我们，对我们十分无情，只因我们被严厉禁止反抗，所以对这样的打骂，也就变得更无感觉了。

我想再加上两三个故事，谈谈我被迫从我的玩伴们那儿体验到的各种不愉快。这一类道德上的故事教训，使我们领悟一个人必须知悉别人的境遇与经验，从而有所预期于自己的人生；同时，深深地感悟到：不管发生怎样的事，那也是自己作为一个人所不可不经历的事，万不能因此就认定自己是特别幸福，或者特别不幸的人。即使懂得这些，对避开邪恶并没有多大裨益，不过对我们学习顺应、忍耐境遇，并且克服境遇，却是非常有益的。

再者，我想在这儿叙述一个一

※ 歌德

挣脱烦恼的维特——歌 德

般性的一己之见，大约也不算太离谱吧。那就是大凡一个良家子弟，长大起来就会显现出某一种极大的矛盾。这儿所说的矛盾，意义如下：他们从双亲或师长那儿受到训诫与指导，要他们行动有节度、良识，甚或应出自理性，不管对任何人都不能有任性、自负的态度来加害于对方，并且即使因邪恶的冲动在胸臆中萌发，亦必须加以压抑，同时这些年轻人也在努力于这种修养。然而，在他们是受责难的，被严厉禁止的事，当别人加在他们身上时，却又必须忍受——就是这样的矛盾。于是这些可怜的孩童们，被夹在自然状态与文化状态当中，落入了凄惨的境地里，纵能暂时抑制自己，终究视其对手的种种行为，而变得狡猾或者凶暴。

暴力应以暴力来驱除为是。可是温驯而生性仁慈充满爱的小孩，根本不懂得如何抵抗侮蔑与恶意。我总算还能防御朋友们的暴力行为，可是对他们的讽刺与攻击，则不知所措。因为每逢这样的场合，采取守势只能招架的一方，经常不能免于一败涂地。然而这一类攻击，一旦触发了我的愤怒，我就会靠臂力来击退，便会在我内心里引起种种不可思议的意念，留下深远的影响。那些对我怀有恶意的朋友们嫉妒我在各方面的优越，尤其我颇自满于因外祖父为现任市长而一家人所受的优遇，这也使他们产生反感。外祖父是他们那一辈人中首屈一指的人物，对他的家人们自然会有不小的影响。

有一次，我看到外祖父在陪审官们当中，坐在比人家高一级，位于皇上肖像之下，好比君临于"玉座"上般地坐着的样子，在"吹奏者的法庭"告终之后，我便稍为得意洋洋地说出来。小同伴们当中之一嘲笑着说："别自鸣得意啦。像孔雀看自己的脚那样，你也该看看你的祖父只不过是一家旅社的老板而已，岂不是做梦也不能想望玉座、王冠那一类东西的吗？"

对此，我回答说："我绝没有为祖父感到可耻过，每个市民都拥有平等的权利，人人照自己的方式来活动，以赢得利益与名誉，这岂不就是我们这个城市的优秀传统吗？"我这位优良的祖父很早以前就过世，那是令人遗憾的事，我常常希望能够认识我的祖父，不但去瞻仰他的遗像，也去墓地参拜，读读墓碑上的文字，追忆这位把我送到人世间来的祖父的生涯。

另一个最坏的对我抱有恶意的少年，把那个少年叫去耳语了几句话。耳语的时候，还一面不住地把嘲弄的眼光瞟向我。我的愤怒沸腾起来了,我要求他高声交谈。

"什么?"第一个少年说,"想知道吗?那就告诉你,这个人说,你想找到你的祖父,一定得走好多好多的路吧。"

我恐吓说,如果不从实招来,一定不放过他。他们说是从双亲那儿偷听来的,向我扯了一个大谎言。照他们的说法,我父亲是某一位高贵人士的儿子,我那善良的祖父,答应做他表面上的父亲。他们那么无聊地搬出了种种证据,例如我家的财产,都是来自祖母,其余旁系亲戚们,包括住在福利特堡及其他地方的人们,均家无恒产等等,不外都是凭借恶意始能显得有分量的捏造证据之类。我在听这些话时,比他们所预期的更镇静。他们已摆出了架势,只要我一有扑过去抓他们头发的动静,便要逃之夭夭。

然而,我却平静地回答说:"就是那样,我也非常满意。生命是真正完美的东西,不管是什么样的人传给我的生命,都是无关宏旨。因为生命来自上帝,在上帝面前,我们都是平等的。"

他们毫无所获,便把争论打住,我们又一起玩了。一起玩,这在孩童们之间确乎常是和解的手段。

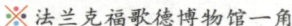
※ 法兰克福歌德博物馆一角

挣脱烦恼的维特——**歌　德**

※ 歌德画像

这儿，我不想再多插入一本正经的，而且含有诘难意味的考查，宁可把目光从那个绮丽的时代移开。有谁能够把那幼小岁月里的丰盈，恰如其分地谈出来呢？当我们细看在我们面前走来走去的幼小被造者时，便会有禁不住愉悦的满足之情——不，是感叹之情——油然而生。他们多半能使我们期待在现在的行为、能力以上的东西。并且自然所加在我们头上的诸多恶作剧之中，似乎还藏有存心要愚弄我们的特别用意。自然把孩童们送到人世间，同时赋予他们的第一个器官，是切合这些被造者身边的直接状态的。他们把这器官朴素恬淡地且极巧妙地运用在身边迫切的目的上面。就其像个孩童这一点而言，又者，就适合其能力范围内的诸多关系而言，简言之即把他们当作完全的孩童来看待的时候，不仅极端懂事、有理性，同时极爽快、极快活并且能干，几乎令人觉得实在不必再有更多的教养。倘使孩童们能够照他们所暗示的样子继续成长下去，很可能个个都会成为天才。然而所谓成长，不仅仅是发展而已。形成一个人形形色色的体系，不独相互产生，互为继起，互为交代，互相排除，抑或互为残杀，故而诸多才华与能力的发现，经过了某一段时间之后，便不再留有丝毫痕迹。人类的资质，以大的眼光来看，是有某种决定性方向的，但若想确切地预言，则任何伟大的、经验丰富的智者，亦极困难。不过事后再来指出预示将来的事，当然是可能的。

因此，我实在无意在这开头的几章里就结束我幼年里的故事。我毋宁打算，把悄悄地串联着幼年时代的诸多线索，在下面再提出来，并一直引导下去。这儿，我必须叙述随着战争而发生的种种事情，怎样逐渐地在我们的意向和生活样式之上，发生如何重大的影响。

和平的市民与世界性大事件之间的关系，真是不可思议的事。这大事件打从遥远的地方使他们兴奋、不安，纵然是毫无直接关系，他们也禁不住加以批判或表示关切。他们依他们的个性或外在的机缘，很快地就加进某一个党派。大事件、大变动渐渐接近，种种外在的不方便也增加，同时内在的不愉快依然残存，这些常使不幸加倍、激进，并把仅余的可能幸福也破坏掉。这种场合，他们实际上受到敌友双方的苦楚，不过往往来自友方的痛苦为数更多，因为他们不懂如何维持、保持对友方的爱和自己的利益。

作为一个市民，我们还能在和平年代里送走1757年，然而这一年却给了我内心莫大的震撼。恐怕再也没有比这一年更多事多故的年份了。诸多胜利、伟业、灾厄、恢复，接踵而来，看来好像互相纠缠，相激相荡。不管如何，腓特烈的英姿、希望，加上他的荣耀，终于又再次高高浮现。崇拜者的狂热益发高昂起来，敌方的憎恶也愈益加剧，甚至使一个家族都为之分裂出相左意见，把原本已告分离的市民们弄得更趋于疏隔。像法兰克福这种居民因三种宗教而分成三个不同集团，并且，即使是属于有力量集团的人，能够参与政治的人亦仅居城市的少数，富人与有教养的人士之中，隐居起来与世隔绝，以研究或消遣为乐的人，为数甚多，这是不足为怪的事。

父亲刚从旅行中回来就想谋个起码的工作，并希望不必经过选举。为了给大众贡献绵薄之力，即使不支薪水也愿意来服务。由于他的个性，又考虑到他本身，结果他认定自己的意图是堂堂正正的，所以相信自己有资格接受这种不依法律与习惯的待遇。因此，当他的申请遭到驳回之后，大为生气，发誓将来绝不担负任何公职。为了使任职成为不可能，他取得了宫廷顾问官的称号，不过这个称号是市长和最资深的陪审官作为特别的敬称所使用的。他就这样跻身于最上流阶层之列，故此再也没法从低层干起了。父亲向市长的大女儿求婚，也是出自同样的动机。因此，他在这方面也与市参议会议员的地位绝缘。于是父亲加进了隐退者们之中，不过他们是绝不会互相连成一气的。他们跟整个社会隔离，彼此间也各自孤立。只因在这种隔绝的生活当中，他们个性的特异性越发地尖锐化，所以也就愈见孤立。父亲出外旅游多次，见过广阔的世界，故而极可能比当时市民们普遍存在的生活方式，过得更洗练而自由，不过就这一点而言，他当然也不是没有先驱者与伙伴。

挣脱烦恼的维特——歌　德

1759年元旦对我们小孩来说，真是个高兴的日子，不过对大人们却是个不寻常的充满不安的新年。法军路过此地极为频繁，早已司空见惯，但是年底的数日间过得更多。依照自由市的旧习惯，每逢部队接近本市，教堂的钟乐手就高鸣喇叭。而这一年的喇叭声几乎不曾停歇过。这就证明有大部队从各方向移动。事实上，这一天有比往常更大的部队通过了市区。转眼之间，和平的街路一变而成为战争的舞台。部队在由营房分配好宿营地之前，就在那儿露营。

多年来不曾有过的这料想不到的重担，使一向

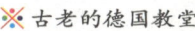
古老的德国教堂

悠闲的市民感到莫大的痛苦。父亲尤其痛苦,因为他不得不将刚完成的房子开放给外国的军人住宿,一向关闭着的装饰美观的客厅也得交出来,平时勤于整理的物件,也被迫供给人家任意使用。他原本就是拥护普鲁士的,此刻则陷身于法国人的包围之中,而且又是在自己的屋子里。对于像父亲这种人,这无疑是最悲惨的事情。如果父亲能够把这事件看得更轻松些,那么他便是个法语流畅、起居举止都不失威严与优雅的人。为他自己,也为家人,必不难减少忧郁的日子。因为住宿在我家的,虽然也是军人,但却是专门处理军事以外的事件,例如军人与市民间的纷争、负债问题以及调停各种争端的军政长官。

他是出生在离安迪普罗凡斯的格拉斯的托兰伯爵,是个瘦高个子,满脸麻子,眼光黑亮如箭,举止镇静而甚有品格的人物。他刚抵达时,颇能博得我家人的好评。关于出借的房间,家人自用的房间等,商量了好一会儿,谈到美术收藏室时,虽已入夜,伯爵还是忽然表示希望用蜡烛光来看看。他对那些画非常欣赏,对陪他去的父亲表示出庄重的态度,而当他明白大部分的画家都还在世,而且住在与法兰克福不远的地方时,马上明言表示:他最大的期望,就是早日认识他们,让他们能够继续工作下去。

虽然这样地从艺术方面接近,但还是没有能够改变父亲的心情,更未能使他的性格弯曲。事情既然无法阻止,那就随它去吧,父亲就如此采取不闻不问的态度。但是,如今在他身边发生的这些突变,直到极细微琐碎的事,对他来说都是难以忍受的。

不过托兰伯爵的行为,堪称模范。为了不损害墙上的新壁纸,他

知识链接

普鲁士

　　普鲁士是欧洲历史地名,位于德意志北部,一般指17世纪至19世纪间的普鲁士王国。是德意志境内最强大的邦国。19世纪通过三次王朝战争统一了德意志,1871年在普法战争中击败了法国,威廉一世在凡尔赛宫加冕成为德意志帝国皇帝。是一个强大的军事帝国,在短短二百年内崛起并统一德国,建立了德意志第二帝国。所以普鲁士有时也是德国近代精神、文化的代名词,同时也是德国专制主义与军国主义的来源。

※ 歌德故居的标志之一

挣脱烦恼的维特——歌　德

此两人之间相处情形非常和谐。于是母亲与翻译联合起来的盟军，便能做到随心所欲的地步。

我们这些小孩子最高兴的，是那些有规律的功课与严格的礼仪，终于稍见和缓了些。父亲的不愉之色越来越严重，有些无可避免的事，也常使他忍受不下。只是为了避免与伯爵接触，他不知使他自己，还有母亲与市参议会以及所有的朋友们受了多少委曲。像伯爵这样的人士在家里，在那种情况之下，实在是值得额手称庆的，假使伯爵换了个住所，那么后来的不管是军官还是士兵，必定是不停地进进出出，搬来迁去的，这样的道理无论怎么向父亲说，也终归徒劳。

这么一来，父亲一向针对我们做的活动，均告停顿。要我们做的事，也不再像以前那样的严格。于是我们就尽可能地使我们对军事上及其他公共事务的好奇心获得满足。不光是在家里，出到街路上也一样。而不分昼夜为敞开的门口站岗的卫兵，对我们这些叫嚷着进进出出的小孩们不理也不睬，因此，我们更能放手去做我们想做的事。

伯爵在来到我家后的最早几天里，把希尔特、修兹、特劳曼、诺特那盖、扬卡等法兰克福的画家全部邀请到他的住处。画家们各个带

甚至地图都没敢挂上去。他的部下很世故，而且冷静、能干。只是他整日忙碌，入夜后还是没有闲暇，前来投诉的人夜以继日地来，也有些被捕者被带进来又押出去。求见的军官、副官们他一一接见，加上他又非常喜欢每天接受邀宴，因此，原本只有一家人设备的我们这个家，而且楼梯又是仅有一个，纵然凡事都极力沉着，严格地执行，还是免不了蜂窝般地嘈杂与喧哗。

母亲略懂意大利语——我家每个人多少都懂得一些，她马上下定决心学法语。伯爵很钦佩主妇以一大把年纪，还不惜辛劳学习。他为人快活，又才气十足，对待妇女虽然有点笨拙，却也很能献殷勤，因

来作品给他看，伯爵把所能买的都买下了。阁楼上我那个明亮清洁的房间交给了他，马上被重新布置，成了陈列室兼画室。他有意让所有的画家，尤其是达隆舒达特的塞卡兹，长期继续从事创作。

我从小就认识这些画家们，常常造访他们的画室。伯爵总要把我留在他的身边，所以他们商量画题、订自传画、交画等时候，我常在场，尤其交的是素描或画稿的时候，我居然胆敢提出了一些自己的意见。我在很早的时候就博得了声誉，被认为在绘画的爱好者中，或我常表示出热心与关切的拍卖场里，不管是取材于圣经故事、世俗故事、还是神话故事，一言便能正确指出那些历史画里所表达的是什么。

每当这种场合，我总算能说上从未学习过的法语，而且朗朗上口。关于这一点，我想这儿需要叙述得详细些，并加说明。我生就的才华，在这种时候也很是管用，这就是我对于某种语言，能极轻易地抓住它的声调、运动、腔调以及其他种种外在的特征。可以从拉丁语类推的语言，为数甚多，而可以借意大利语为媒介来记住的语言更是不少。就这样，我在极短暂的时间里，从佣人、军人、卫兵、访客等的口里记住了很多的语句，所以，即使说还不能直接参与交谈，至少已经能做简单的问答。但是，就是这一切，与我从剧场所获得的裨益比较起来，也是微不足道的。我从外祖父那儿要到招待券，父亲虽反对，不过在母亲的安排下却可以利用它。

我也并不是任何戏目都能忍耐着看到最后，在走廊上或者大门口，与同年辈的小孩们做种种游戏的时候也很多，于是在我们这一伙之中，加进来一个活泼的美少年。他是那个剧团的一员，当然只不过是小角色而已，但我已经在舞台上看过他几次。由于我能利用学会的法语与他交谈，所以他与我最要好，并且也因为没有与他年纪相仿的法籍小男孩——剧团里和附近都没有，故此他越发地与我亲近。我们在上演时间以外也相偕走动，连上演时也绝少让我一个人独处。他是个极可爱的小吹牛博士，以一种很吸引人的说话方式喋喋不休地说个不停。他自己的一些冒险故事、打架故事，还有种种奇异的话题等，让我听得津津有味，也使我在法语方面，在短短一个月之间就学到了很多的东西。这就是我那么突然地，仿佛受了灵感

挣脱烦恼的维特——**歌　德**

> **知识链接**
>
> **莱茵河**
>
> 　　莱茵河是西欧第一大河，它全长1232千米，发源于瑞士境内的阿尔卑斯山北麓，西北流经列支敦士登、奥地利、法国、德国和荷兰，最后在鹿特丹附近注入北海。在欧洲是一条著名的国际河流。

般地学会了这外国语言的经过，不过这其间的经过是没有一个人知道的。

　　但是，不久我的心里便涌起了一种特殊的兴趣。与我保持友好关系的那个男孩，名叫杜龙，他除了吹吹牛皮之外，是个很有管教的彬彬有礼的少年。他把他的姐姐介绍给我认识，她比我们年长两三岁，是个非常爽快的少女，体格很好，皮肤是褐色，头发与眼睛黑黑的。她的举止大体上是文静的，而且含着一抹悒然。我用尽了一切方法，想使她对我产生好感，还是没有能把她的注意力引到我身上。年轻姑娘总是对比自己年轻的少年过分地自认年长，一方面是用眼光追逐青年男子，另一方面对那些向自己萌生第一个爱情的少年，装出老一辈女人的态度。

　　每逢她的母亲出去排练或参加什么集会时，我们常到她的房间玩耍或聊天。我没有一次去看这位美貌少女时，不带一点好比花、水果或者其他什么礼物的。而她都是极有礼貌地接受，一本正经地道谢。可是我还是没有办法看到她那双悲愁的眼睛开朗。同时，也丝毫看不出她把我放在眼里的迹象。

　　这且不表。自从我们的街市被占领的头一天起，对我们这些孩童和年轻人来说，赏心快乐的事，真是无时无刻不有。戏剧、舞会、阅兵典礼，还有军队的过境与行进等，都能吸引我们的注意。尤其军队的过境与行进，越来越频繁，令人觉得军旅生活是多彩多姿而快乐的。

　　因为军政长官住在我家，所以我们能一个接一个地看到法军的首要人物，特别是名字早已传闻到我们这儿的第一流人物，也可以在近旁处细加观察。我们好比坐在包厢一般，舒舒服服地看着那些将领们在楼梯边或舞池，从我们身边经过。法军进驻以后过了3个月，我几乎已经能习惯于这种新的状况之际，忽有联军逼近的传闻传扬开来。根据那些未经证实的传闻，费迪南·芬·勃朗舒怀克大公（腓特烈大王之妻弟）即将为了从莱茵河驱逐法军而开到我们这儿来。

又有若干部队经过我们市街。据说他们到了贝尔根附近就停了下来。人马的来往愈见频繁，我家更是不分昼夜人来人往，乱成一片。就这样，1759年的复活节前有几个礼拜是在惶惶不安当中过去的，终于耶稣受难节也来到了。深沉的安静，正是风雨来前的征兆。我们这些孩童们被禁止离家一步，父亲则因待不下去，出外去了。战斗开始，我爬到顶楼。虽然不能从那儿眺望近郊一带，不过大炮声与步枪集中开火的声音却可以听得很清楚。几个小时后，我们从一队马车中看出战斗正在进行的第一个迹象。这队马车满载着断了手脚或者一副凄惨面目的伤兵，悄悄地从我们旁边经过。他们是被运往改成野战病院的圣母修院。忽然间，市民们之间兴起了怜悯之情。啤酒、葡萄酒、面包、金钱等，交到没有力气接下的伤兵手里。过了不久，当人们明白了这些伤兵们之中有着受伤被俘的德兵时，人们的同情再也无法抑止了。每个人都毫不例外地，把手中所有的东西统统抛出来，好像那是为了救助窘迫的同胞们似的。

纠纷、骚动与伤心过去，马上便又恢复了安心与轻松。特别是

※ 古老的莱茵河

挣脱烦恼的维特——歌德

年轻人，只要日子过得下去，便能以轻快的心情把一天又一天的日子打发过去。我对法国戏剧的热情越来越炽烈，到了不能一晚不看的地步。常常戏散后回到家时，家人们正在餐桌上，我不得不以所余有限的食物果腹，这时我便得忍受父亲的一顿训诫了。戏是百无一用的，而且叫人一无所得。这就是父亲的见解。每逢这样的当儿，我得把那些戏剧的拥护者陷入与我同样窘境时搬出来的一切论据，原原本本地搬出来。虽然父亲和我都不能使对方信服，然而当父亲知道了我在令人不能置信的短时间里熟识了法语的时候，立即和我握手言和。

大凡一个人，不管是谁都一样，只要看到人家在做什么，便不论自己有没有那样的能力，想做一做。一如我在幼年时那么大胆地去试着模仿泰连第乌斯，如今已是少年的我，受不住比往日更活生生地迫向我内心的引诱，禁不住想尽自己能力所及，来反复尝试法兰西风格的形式了。

我把细心缮正的原稿交给吾友托兰。他装出一派保护者的样子，大模大样地接下，约略地过目一遍，指出了两三处错误，表示有些对白太长，最后答应我会抽出点工夫，细心地看过，然后给我一些批评。我低声下气地问了一声："这篇作品到底能不能上演？"他断然表示：并不是完全没有可能。

我这位朋友虽然是个轻率的人，可是碰上了这么一个可充行家的机会，好像非常满意。他很细心地看了那篇作品。他坐在我身边，为我修改了几个地方，可是说着说着，竟把整篇作品弄得面目全非了。又是删除，又是添加，有个人物给去掉了，另加了一个，任意地大改一通，使我心里直发毛，但是我一直深信他在这方面懂得不少，所以听任他胡搞。这是因为他此前已大谈特谈过诸如亚里士多德的"三一律"啦，法兰西戏剧的中规中矩作风啦，真实感的问题啦，诗句的调和问题啦，以及其他有关戏剧的问题，因而我不得不认为他不仅见多识广，而且肚子里确实有什么东西。他大骂英国人，把德国人则根本不放在眼里。总之，他对我讲述了在我往后的一生里被迫屡次洗耳恭听的一大篇戏剧理论。

经过这一次失败的尝试，我变得渐渐能深一层地去思考。每个人都要搬出来的这理论与法则，由于我的老师自以为是的举措，我开始对它有了些怀疑，我终于想到要靠原著来一窥它的奥妙。这对我虽不算太困难，却是一件非常吃力的工作。

话说回头。托兰伯爵的画被

送去法国之后，家里较前清静多了。阁楼上的房间给打扫清洁，交还给我。那些木箱才运出，父亲又想把伯爵送出。伯爵的嗜好，的确与父亲的一致，并且父亲向来的主张——即为现存的画坛大家尽绵薄之力——由一位比自己更富裕的人这么漂亮地付诸实行，这在父亲来说无疑是一件极大的欣悦。不仅如此，为多位优秀的艺术家，在这窘迫的时代里造成了获取大笔收入机缘的，正是因他的搜集，这必是父亲所引以为快的事。即令如此，父亲依旧因对这位闯入自己家里的外国人的反感，而不能够认为这人的所作所为，有任何一件是正当的。

于是那些大小木箱从家里搬走后，马上又开始曾一度着手其后中辍的赶走伯爵的工作。藉陈情以呼吁正义，靠请愿以争取公道，依而赢取好意，经各方面的努力，终究使驻军委员下了决定：首先是伯爵的迁出，其次是鉴于我家负荷了日夜不息的重担，所以今后可免去征用，但是，为了有个表面上的借口，此前由军政长官占用的二楼房间必须招租，以使军方不能再派驻。伯爵自从离别了所爱的绘画作品以后，对这个家已不再有特别的关心，加上他又希望能在近期内被召回国调任新职，因此他一无异议地就答应搬到另一幢更好的住宅，在和谐的气氛当中与我们告别。

※ 歌德故居中的书橱

挣脱烦恼的维特——歌 德

《圣经》的研究

  法国人的驻屯虽然给了我们诸多不方便，可是我们早已习惯了，所以一旦离去，便禁不住感到若有所失。我们这些小孩们，还感觉到宛如这个家在忽然间死去了一般。这时，我们家与新房客已谈妥了租赁的事，经过一番清扫擦拭，加刨打磨，上油漆等，我家又恢复了旧观。官拜事务所长的模利兹一家人就搬来了。他们是我双亲的亲密朋友。

  长久以来失落的静谧与和平，再次回到我们的家。我又一次住用阁楼上的那个房间。那里偶然还会有绘画的亡灵浮现在我眼前，不过每逢这样的时候，我就靠工作与做功课来赶走它。

  这以后，事务所长的弟弟小模利兹公使馆参

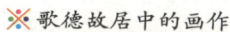
※ 歌德故居中的画作

事也常到我家来走动。这位公使馆参事先生爱把自己的知识传授给别人，是个数学的爱好者，但是对于目前的生活却一点也用不上，所以把帮助我的数学知识之增长，当作一件乐事。沾了他的光，我能更精确地完成设计图了，也更能利用那一阵子每天上一个小时的一位图书老师的课了。

这位善良的老教师，不用说也是个蹩脚的艺术家。我们得先画画线，然后将它完成。眼与鼻，唇与耳，最后才是整个脸，整个头，但是这中间，顺手自然的形式与人工的形式，都被弃之不顾。

也是在这个时候，商议多时的另一件工作被付诸实行，那就是为我们上音乐课。

我就这样，遵从新的教育理论之原理，很早就打开了两种艺术之门。当然，那也只是听天由命式的，而并不是自以为具有天赋的艺术才能，才往这方面起步。父亲向来就认为人人都应当学习绘画，因此特别崇拜曾经下达严厉命令要人们学习绘画的麦西米里安皇帝。事实上，父亲对我的绘画，比学习音乐更为热心。但对妹妹则特别鼓励音乐，除了上课时间之外，还要她把每天一段相当可观的时间，用在钢琴上。

公众对教育的不信任，越来越厉害。人们都在物色家庭教师，但是那笔费用又非每个家庭所能负担，所以，为了达到这个目的，只得若干家庭合力来请。而孩童们多半不能和好相处，年轻的教师又不够分量，于是不愉快的事情迭起，结果总是导致分道扬镳。因此，当然而然地促成了更持久更有益的设施。

他们之所以想到要创设私塾，实因痛切地感到人人非学习活生生的法语不可。父亲此前即在教一个青年，这青年为父亲当佣人，总之是渐渐地承担一切。此人名普怀尔，不仅能操流利法语，而且对它有深切理解。当他结婚，他的监护人考虑到必须为他谋个地位时，便想到让他来开办一所私塾。这私塾逐渐扩大规模，成为一所小型学校，最后甚至拉丁语与希腊语，只要是有必要的，他都教授。

刚在这个时候，为了使我们小孩不致欠缺一切的生活经验与学习，有位英语教师谢德来到了。这人承当了一项责任，只要不是完全没有语言学修养的人，便要在一个月间教会他英语，其后只要稍下功夫，便能靠独自学习达到相当的程度。他领取低廉的报酬，且不在乎学生的多寡。父亲决心立即试试，让我与妹妹接受他的速成教学。他的教学态度是颇有诚

挣脱烦恼的维特——**歌 德**

※ 汉堡一隅

意的，复习也从未被忽略。在这一个月之间，其余的若干种功课都被弃之不顾。老师与我们都以满意的心情告别。这以后他还在这个城市里居住了一段时间，学生也增多，因此，为了感谢我们当过曾经信赖他的最早一批学生之一，每隔若干时日便来看看我们的进展，为我们补习，并且拿我们的学问来向别人夸耀，引为赏心乐事。

结果父亲重新为我们做了种种考虑，使我们的英语也能够与别种语言学的研究并驾齐驱。老实说，父亲到处搜求文法书与习题集，这个作家那个作家地找寻给我们学习的机会，使我们对那门学科的兴趣散乱，同时也浪费时间，越来越感到迷惑。于是我想一口气把一切做个了断，构思了6个或7个兄弟姐妹的长篇小说。他们远远地分散在世界各地，互相诉说各自的境遇与心情。长兄以优美的德语，报告旅途中的种种见闻与事件。妹妹使用一种女性化的文体，写成类似其后的"齐格华脱"一般的标点特多的文章，写家里的状况与自己的所思所感，以答复兄弟们。一个兄弟是读神学的，写的是平平整整的拉丁文，有时还加上一个"又及"，却是希腊语的。下一个兄弟在汉堡的一家商店当伙计，当然是用英语来通信。再下面的弟弟待在马赛，是个负责用法语通信的角色。为意大利语准备了一个第一次出远门的乐师。小弟则是有点小聪明的家伙，不会别的语言，所派的角色是使用有犹太腔的德语。他那可怕的密码式文字，弄得别的兄妹们大为困惑，同时这有趣的构想，还使双亲捧腹而笑。

大凡这一类事情，一旦开了个头，就会无限地闹下去的，上面的事情也正如此。我努力地学着那奇异的犹太德语，希望能跟读一样地写。我发现，我虽没有希伯来语的知识，却也能靠此举发现被伤害、歪曲的近代语言，是如何演变的，并且处理之际多少能有确实性。于是我向父亲力陈修习希伯来语的必要，并请求他赶快答应我——这是因为我另有更高的目的。要理解《旧约》与《圣经》，必要靠原文，这是到处都可以听到的说法。读《新约》，我倒是轻松愉快，因为《福音书》与《使徒书传》，每个礼拜天做完礼拜，都有一堂查经课，或者朗诵，或者翻译，还得稍加解释。我希望对《旧约》也能有同样的知识。《旧约》有独特的情趣，我一向就特别喜欢这一点。

父亲凡事都厌恶半吊子，他决定要请我们的校长阿普莱希德博士单独教我，并决定每周都来给我上课，直到我能记住这单纯语言最重要的部分为止。根据父亲的想法，这种语言学起来纵使不能像英语那么快速，但是只要花两倍的时间，必可达成目的。

我希望能从每个方面不留余地地研究《圣经》，这是很天真的热忱，不过他倒也好像觉得我是认真的，也似乎认定值得给我一些帮助。于是过了不久他便教我读一本大部头的有英语注释的《圣经》。一个人不管朝哪个方向，企图哪一种事情，也终究会回到自然为他指示出来的途径。此刻的我，正也是如此。为了语言而做的努力，为《圣经》本身的内容而下的功夫，使我的想象力能较前更活生生地凭空描绘出那美丽而受赞美的国度，它的环境，它的邻国，以及数世纪以来将荣耀带给这小小一块土地的诸多国民与事件。

这块小小的天地，看到人类的起源与成长，从这儿，给我们带来了太古史最早而唯一的报告。照我们想象里的描绘，这样的地方是单纯明确的，同时又是多面多样的，并且也非适合那种可惊可异的迁移与殖民不可的。这儿，横卧于四条著名的河流之间的小天地，从所有人们可居住的土地当中被选出来，交给那些英气蓬勃的人类。在这儿，年轻的人类发展其最早的能力，同时也遭遇到被颁赐给他的所有后裔的命运。这也就是孜孜不倦地追寻知识，却又一面失去其平安的命运。最后，人类随着人数增多而堕落。神明们只因还不能习惯于人类种族的放肆，终于忍耐不住，把这种族消灭殆尽。从那一场大洪水，仅幸存了少数几个。当这可怕的洪水退去后，那往日里看惯的祖国大地，又显现在捡回了一条命而充满感谢之情的人们眼前。四条河流之中的幼发拉底河与底格里斯河，依然在原本的河床上流着。前者仍用旧名，后者似乎是因其水流的方式而命名的。在这巨变之后，想必无由再追寻乐园的痕迹吧。重生的人类，从此再一次向前迈进。他们找到用一切方法活下去并工作的机会。不过大多数人则把大群驯服的兽类聚集在身边，云游四方借以维生。

这种生活方式，加上种族的增大，不可避免地造成了各民族的离散。他们不能马上下定决心与亲戚朋友们永远离别。他们想到，应该建造一座高塔，以便指示他们重回故乡时的路径。这个尝试与最早的追寻认识的努力同样地终告失败。幸福而同时又贤明，多数而同时又是唯一，这都是注定不被允许的。人类于是散乱了。这个世界，人虽然繁殖增多，却终告分裂。

像这样把仅为轮廓素描的《圣经》上诸多人物及事件详细描绘出来，对德国人来说并不是新鲜事。《旧约》及《新约》上的人物，已经由克洛普舒多的笔成为优美而感情丰盈的存在，少年的我亦与当时

※ 幼发拉底河和底格里斯河

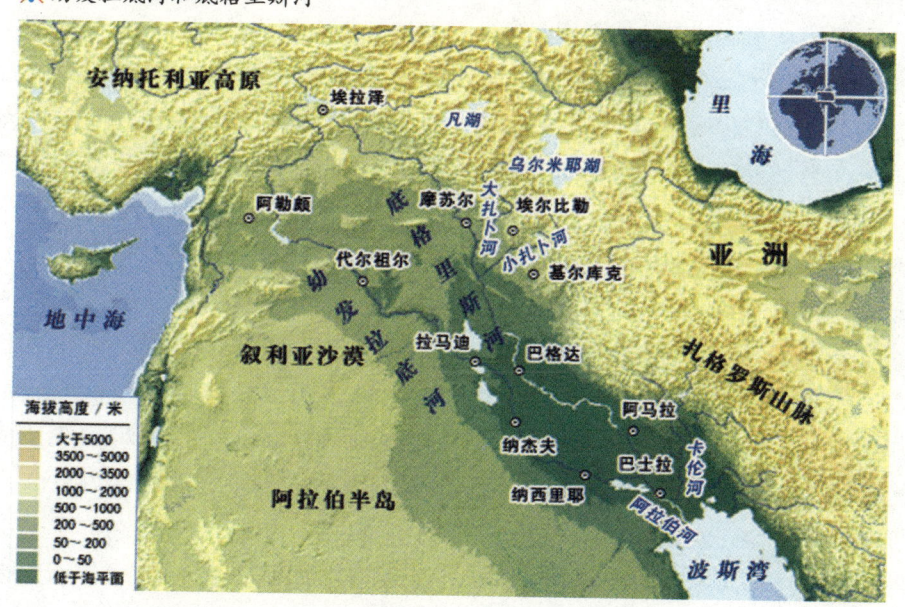

的许多人同样，衷心表示欢迎。至于波多玛的这一类作品，当时我还几乎一无所知，不过莫萨的《狮洞里的达以理》，给了我年轻的心极大的影响。在这篇作品里，一位深思熟虑的臣子，克服了种种不幸与灾厄，最后才得到高位，他的虔诚信仰，虽然有不少人加以利用，想使他失败，但这信心却永远是他的护甲与武器。改写约瑟夫的故事，长久以来就是我的渴望，但应采取何种形式，则使我煞费周章。因为只有韵文才适合这篇作品，而我对韵文却还未能娴熟。但是，如今我发现用散文来处理才更为方便，所以便全力以赴，从事改写。我分别描述人物，细心执笔，穿插了一些偶发事件与插话，想把这古老而朴素的故事写成新颖而独立的作品。我未能顾虑到它需要充实的内容，而这内容却只能从体验的认知产生——这当然是年轻人所无法想到的。总之，我把所有的事件细密地描绘在脑海里，然后依次把它们叙述出来。

以圣经故事为题材的散文叙事诗，我以前从未尝试过。那时刚好是相当平稳的时代，没有一件事情能把我的想象力从巴勒斯坦与埃及拉回到现实，因此我的稿子一天一天地增加页数，诗，简直就是我信口独吟，照字记录下来的，只有少数几章需要改写，因此执笔的进展，愈见迅速。

这篇作品完成后——我居然把它完成，连我自己都大为惊异——我忽地又想起了还有在这几年间写下的种种诗篇。我觉得这些诗作，好像不算太差，如果能与《约瑟夫》辑成一册，必可成为一本小巧可爱的书吧，我也可以把书名定为《杂诗集》，这些想法使我大感欣悦。因为我借此获得一个模仿著名作家的机会。以前，我写下了好多"安那克里央派"诗风的诗篇。这种诗，韵脚简便，内容轻松，因此写起来极为快速，不过我倒无意把这一类诗篇也收进诗集里头。其理由一方面是由于它们完全没有押韵，不过主要还是因为我希望能让父亲看到某些令人精神一振的东西。也是因为这个缘故，所以我觉得宗教性的颂歌才是更适合的，于是模仿伊利亚斯·舒来格的《最后的审判》，热心地试写这一类作品。颂扬基督到地狱去巡礼的故事的一篇颂歌，不仅博得了双亲及朋友们的喝彩，还成为此后数年间我自己最喜爱的作品。礼拜天时大家所唱的所谓歌词，每次都有印好的发下来，我非常细心地研究它们。只因这些东西都是拙劣无聊的，所以我

挣脱烦恼的维特——歌　德

> **知识链接**
>
> ### 教皇
>
> 按照天主教会的传统说法，耶稣基督的第一个门徒彼得乃众门徒之首，他于传教过程中去罗马担任了罗马教会的第一任主教。从此，罗马主教均为伯多禄的继位人，其地位因而也在其他主教之上。这便是"教皇制"的由来。所以，"教皇"的全称为"罗马教区主教、罗马教省都主教、西部宗主教；梵蒂冈君主、教皇"，亦称"宗徒彼得的继位人""基督在世的代表"等。现代亦用来指某一思想、组织的精神领袖。

大为满意，鼓励我以后每年做一本这样的书，这一切，我都是利用功课余暇做完的，因此父亲也以充满自信的口吻，来这么鼓励我。

父亲对于完成一件事，格外固执。一旦开始的事，即令在做的过程当中发生不妥当、无聊、不愉快，或者明明知道那是一点用处也没有的事，依然非完成不可。父亲似乎把完成当作唯一的目的，把忍耐着努力下去当作唯一的德行。例如冬夜漫漫，一家人聚在一块开始读什么书，纵使每个人都意兴阑珊了，甚或父亲自己首先打起了呵欠，我们都非得读完不可。我还记得某年一个冬夜，也是这样子来读鲍瓦的《教皇史》。只因那种叙述教会情形的文字，对小孩或年轻人是无法引起一点兴趣的，因此读这样的书，实在是可怕的事。但是，尽管那时心不在焉，而且极感厌恶，那一场朗读却在我的记忆里留下了很多的知识，直到很久以后还能想起来，与种种往事联结在一块。

这种奇异的工作与功课接连地发生，连它是不是好事，是不是有益，都没有细加考虑的时间，然而父亲绝不会失去那作为目标的要点。父亲努力要想使我的记忆力与把握并联结事物的才能，转向法律方面的事项。父亲送给我一本霍贝写的小书，它以问答式教科书的体

敢于相信，我那几首依照一定格式写下的歌词，也大可与它们一样地谱上曲子，为振兴教会会众们的信心而被歌唱。

这些诗和类似的若干作品，我花了一年以上的时间重新抄好。我就靠这样的练习，免去被书法老师的范本所囿限。终于编辑工作告竣，顺序也决定好，还很容易地请到一位喜欢写字的青年为我缮正。我拿着这稿本，急赴装订厂，不久我就把弄好的一卷交给父亲。父亲

裁,并依照查士丁尼皇帝的法学提要形式及内容写成。不多久之后,我把问与答都背熟,老师与学生两方面的角色都能扮演自如了。当时的宗教教育,能迅速找出圣经经文是主要练习之一,而在法律学上也同样,精通罗马法典为不可或缺之事。在这一点上,我不久也做到了完全练达的境地。

如今我们已长大,应该做的事情着实不少,另外还得依照自古以来的惯例,开始学习剑术与骑术。那是为了能在某种场合,拼死防护自己的生命,以及骑在马上不会显露出丑态。前者,即剑术的学习,我们觉得很好玩。这是因为我们早已拥有棒木做的比赛刀,此后我们可以订制真正的钢铁制的剑了。并且它所发出的铿锵声,听来非常雄壮而活泼。

随着春天渐近,我们家也开始恢复宁静。我曾经尽可能地去市内闲逛,观察宗教性的,或者普通的种种建筑,以及公共建筑物、私人宅邸等。尤其对当时受到普遍重视的古代建筑,感到无可比拟的愉悦,后来更因雷尔斯纳的年代记,与父亲的藏书之中有关法兰克福市的书册,而试着在内心里描绘过去时代的人们心灵。这一点,似乎可以借助特别留心于种种时代与风俗习惯,以及主要的个人之特异点,而在实际上获得某种程度的成功。

我是居住在大都市的年轻市民之一,过的是匆忙的生活,但是在安稳和平的市民生活之中,依然免不了种种可怕的事件。有时或远或近的火警,使我们家庭的和平梦境破灭,有时也会有某种犯罪的巨案爆发,其审判与处刑,使得整个城市被笼罩在不安的空气之中达数周之久。我们无可选择地,成为各式各样行刑之目击者。我曾亲眼看见"焚书刑",我想这是值得在这儿记述下来的事件吧。成了问题的是法国某滑稽小说的出版,它对国家取敬而远之的态度,而对于宗教与民风则毫不留情。无生之物受刑的

※查士丁尼大帝

挣脱烦恼的维特——歌　德

光景，倒确乎是可怕的事。整捆的书在火中弹裂，用火耙来扒，使火烧得旺些。接着燃烧着的纸片在天空中飞舞，人们争先恐后冲过去。我们也去抢，不搜集到一册的分量便不肯中止，不少人也都同样地感到受禁止的愉悦。假使一个作家的主要问题是普遍为世人所知，那么任何人都必定无法想出比这更有效的宣传手法吧。

不过我之所以常在市街上闲逛，在这以外还有更和平的动机。向来我就被教导，无关紧要的事务由我来代替父亲处理。尤其督促那些雇来为我们工作的工人，父亲都让我来做。凡事父亲都喜欢细心精密，末了又要以即时给工资为借口而打折扣，因此那些工人为父亲工作时，总要拖长工作的时间。于是我得以出入所有的工作场地。我生来就是喜欢设身处地为人着想，感受人间生活的一切景况并乐于共鸣，因此父亲常把一些琐事交给我办，这使我拥有了不少与工人接触的时光，同时也明了人们都各有其做事方式，更得悉伴随各人的生活方式而来的不可或缺条件，造成怎样的悲喜、烦恼与便利。就这样，我接近了联结上层与下层之间的这些勤勉的阶层。换言之，如果说：一方面有从事简单的产品或原料生产的人们，另一方面则有享受已经被加工的东西的人们；则居其间而使双方都能获取什么，并使各人依其方式而实现其希望，靠其头脑与双手而承担媒介之劳的，便是这些手工业者。有他们各自的工作姿态与色彩的手工业者的家族，同样地也是我偷偷地注目的对象。我的内心里，就这样地加强了平等的感情，纵使不是一切人都平等，至少一切人的境遇是平等的。对我来说，我觉得赤裸的存在才是重要的条件，其他的一切都是无关宏旨的偶然事物。

父亲对于刹那间的享乐，很不容易允许金钱上的开支。事实上，我的记忆里几乎从未有过一家人同乘马车去兜风，在某些游乐地区饮食的事。反之，只要是内容上确有价值，外观也不错的东西，他便从不吝于花钱。造访画家诺特那叶时，我们多半延长行程到郊外，前往父亲的一块地去看看。那是一片宽大的果园，种着牧草。这块地是租给别人的，不过父亲对于树木的种植，以及其余有益于维持的细节，都不肯稍加忽略。更使他忙碌的是弗利特堡门外的被细心管理的葡萄园。在葡萄藤的畦间，他费尽心思种了芦笋，并加照拂。天气好的季节里，他几乎无日不往该处。这样的时候，我多半被允许同往，因此常能品尝春季里最早的果实或秋季的最后收获。我们还学会了园艺的活儿，只因这是每年都需反复的工作，所以我们都成了老手。

到了秋末，各种收成都告终，最后采摘葡萄的工作，才是最为快乐最令人期盼的事。当然啦，葡萄这东西，原来就给种植葡萄、欣赏葡萄酒的地方带来比较自由的风气，而这采摘葡萄的几天之间，恰巧处于夏去秋来的节骨眼上，因此展现出一幅几乎令人不敢置信的那么快活的光景。欢乐与高呼，充溢在整个地区。白天，不管到哪儿都可听到欢声与庆祝的枪声，入夜后到处燃放烟火打照明弹，人人都不肯上床安歇，希望狂欢能延长些。从榨葡萄汁到放进酒窖里让它发酵，还有其后的种种忙碌，也给了我们欢乐的劳作。我们就这样，多半是在不知不觉中迎接冬天的到来。

1763年春，我们加倍地享受到那充满田园情调的所有的欢乐。那是由于2月15日这天，因福贝兹堡和约的缔结而成为一个节日，而我这一生的大部分，实在也享受了这和平所赐的幸福，但是，在这儿我得先回忆两三位给了我年轻日子极重大影响的人们。

与这些人们所做的交谈，绝不是无聊的话，而他们也都以他们特有的方式，给予了我影响。对于他们，我也非常留心，甚至不亚于他们的亲生儿子。他们都对我视同己出，并且有意使我在精神上模仿他们，以此引以为乐。欧伦舒来格希望把我塑成宫廷官，赖尼克希望我成为外交方面的实务人员，两人——尤其后者，都想使我厌弃写诗、著述的工作。休斯根则想把我改变成现代的，同时又有为的法律学者。据他的见解，法律学者是不能欠缺的职业，既能对付无赖坏蛋从而合法地保护自己的家族及财产，又能济弱扶贫，必要时还可揭发邪恶者的罪行，给予惩罚。不过他也认为，这最后的事并非值得做，也不是睿智的事。

我常喜欢缠在这些人的身边，利用他们的忠告与暗示，另一方面我又因比较年轻，对仅比我稍有进步的人们，兴起直接与他们竞争的心情。这儿，我从这些人们当中仅举若干名字，舒洛沙兄弟与格里斯巴哈。

至于我自己，我的确也有完成某种了不起之事的想望，不过那究竟是什么，我却茫然无知。大人们都是比起自己所应该树立的功绩，更容易想到所愿意得到的报偿。当我想象到我所能想望的幸福时，我不能否认，为装饰诗人而编织的桂冠，才是最能吸引人的幸福。

鹳丽德里克

图说名人

名人名言

一个有真正大才能的人却在工作过程中感到最高度的快乐。

——歌德

我用能够以相当不错的成绩取得学位的热心程度，来攻读法律学。医学方面，虽然还不能把自然的每一个方面解明，但是总可以使我感觉到事实，因此颇觉有趣，而且在交友与习惯上，我也与医学有关系。另外，为了社交，我也不得不付出一些时间与精力，因为有几个家庭，向我表示了种种好意与敬重。然而这一类事，要不是赫尔达所给予我的问题无穷无尽地压在我头上，我一定可以忍受这一切，也能够继续下去的。赫尔达把隔在我眼前那一道德意志文学的贫瘠之幕撕得粉碎。他那么冷酷地，把我许多先入为主的见解打破。闪耀在祖国上空的明星，寥寥可数。他把其他一切，都当作是一颗即逝的流星。不仅如此，我对自己所抱持的期待与妄想，也被他砍断了手和脚，使得我开始对自己的能力感到绝望。不过同时他也将我拉到他自己想走的灿烂大道上，使我的注意力转到史威夫特、哈曼以及他所欣赏的作家上面，与其说是挫了我的意气，毋宁说是使我更有力地奋起。

除了这种种紊乱之外，如今又加上熊熊燃烧起来的热情之火。只因它来势汹汹几乎把我吞噬下去，所以我纵能暂时从这种混乱状态中脱离，却也无力克服它。加之，身体的情形也不大好。每次进餐后，喉咙便像被扼住似的。我戒了往常在寓所喝的红葡萄酒，很容易地就治好了，不过这是好久以后的事。这些难以忍受的不愉快，一到塞森海姆就烟消云散，所以待在那里，成了双重的乐事，而每次回到街路的膳食，便又那么可恨地恢复过来。这情形反复了多次以后，我变得郁郁寡欢了，甚至在外貌上，似乎也显露了这种内心的状态。

医学老师好像认定我是个与众不同的青年，特别注意我，并且宽容我，毕竟我不是学医学的，却去听他的课。每次讲完，他都不再提实际观察到的有关病症的学说，而朗声宣布："各位，不久就会有几天的休假。希望各位利用这几天培养元气。读书绝不是要人一味地苦读，应当有开朗而自由的心情才是。各位要多运动，走路也好，骑马也好，多在这块美丽的土地上跑跑吧。本地出生的人，看惯的风物可以使你发现可喜的事；别地方来的，可以得到新的印象，为将来的日子留下一个快乐的回忆。"

这样的劝告，其实好像是专为我们两人而做的。我真希望我的伙伴也和我一样，能够理解其意义。我好像听到圣旨般地尽快准备马匹，换上一身洁净的服装。我差人去接怀兰，可是他不在，我还是决心走。可遗憾的是，准备工作费时太多，未能及早出门。我驱马急驰，天色还是黑了下来，但我不可能走错路的。月亮照出了我激情的意图，那是个有风的可怕夜晚。我让马飞跑，我不愿意等到明天早晨才见到她。

次日一大早，鹂丽德里克邀我同去散步。她母亲与姐姐忙着准备迎接几个客人的来到。我在所爱的少女身旁，享受了美妙的田园的礼拜天早上。

※《少年维特的烦恼》中文译本

挣脱烦恼的维特——歌 德

这个早晨,我细心注意着,终于看出鹊丽德里克的人品,不过,总之一句,她对我的态度,是丝毫未变的。

光从农夫们对她的亲热寒暄,也可以看出她对他们的仁慈亲切,使他们对她也充满好感。在家里,姐姐帮助母亲,费力的工作都不必假手鹊丽德里克。据人们的说法,大家都在担心着她的胸脯,不使她操劳。

女人们之中,有些在屋内特别能予人好感,而有些在户外时才更显出色,鹊丽德里克即属于后者。没有比她在走上坡路时的身材与姿态更艳丽更姣美的了。那举止的优雅,可与百花盛开的大地比美;那面容不变的朗丽,可与澄碧如洗的天空相竞。她还把包围住自己的清爽灵气,一同带到屋宇里来。她很懂得排解纠纷,轻易地抹拭小小不愉快事情的印象,这也可以一眼便看出来。

回到街路以后,我给她送去了几本书,并附上了几句诚恳话的短笺。回信马上就来,那轻灵娟秀,充满柔情的笔迹,使我衷心欣悦。内容与文字都同样地自然、善良、挚爱,而且是出自内心的。于是我从她那里所得到的优美印象,经常维持于不堕,而且历久弥新。我把她的温柔气质与诸多优点,反反复复地描绘在心中,感到无比的喜悦,并在胸中萌生了尽快地与她重逢,而且下次一定要设法把相处的时间拖长些的愿望。

与鹊丽德里克的鱼雁往返越来越密。她邀我参加一个宴会。莱茵河对岸的朋友们也会来。我必须好好准备,以便逗留得久些。我把一只巨大的旅行箱,装到特快马车上。

在鹊丽德里克的身边,我真是无限幸福。我饶舌、胡闹、卖弄机智,也管了些闲事,不过因为心中有体己、尊敬与挚爱,所以都能适可而止。她也一样、坦率、快活,既能言善道又能倾耳细听。表面上,我们看似为在座的人们而活着,实则我们只是为自己活着而已。

人们想听音乐的愿望得到实现。乐音传来,大家为了跳舞而赶过去。

多半是我们俩一起跳。但不久就得停止了,因为她受到众人的劝告,不宜再狂舞下去。我们只好两个人,手牵着手出去散步,作为补偿。在那个静谧的空地,我们真诚地互拥,也真诚地互相盟誓打从心底互爱。

我沉沉地睡了两三个小时,忽然热血奔腾起来就醒过来了。这样的时辰,在这种情形之下,常会有不安与后悔，袭向失去防御力，把身子投掷在那儿的人。醒过来后，我的想象力马上在眼前历历然描绘出几个光景。我看到路津德猛然地吻了我之后，激情地从我身边跳开，燃烧着脸颊，眼里闪露炯炯光芒，说出那诅咒的话语来。原来只是为了惊吓妹妹的，却不知不觉间把其他无辜的女人也威吓住了。我看到鹏丽德里克面对着她。我因这情景而僵硬着身子，苍白着脸，站在两人之间，预感着做梦也没想到的这诅咒的结果。我未能避免那预示不幸的吻，同样地也未能阻止这异常事的精神影响。鹏丽德里克纤弱的健康，似乎在驱策着不幸逼近。我觉得她对我的恋情是多灾多祸的，我禁不住想远远地离开她了。

※ 位于维也纳的歌德铜像

然而，我不想隐瞒我内心里潜藏着更痛苦的东西。那是一种自负，在培养着我的那个迷信。这就是说，我感觉到我的双唇——不管被清洁了，或者被诅咒了——比以前更珍贵。我摒绝了诸多天真的喜悦，以不小的自负心意识着那种禁欲式的举止。一来是为了维持那种魔法般的优越感，再来则是纵然舍弃那种优越感，也不致伤害到无辜的人们。

但是，如今一切都已失去，再也无法挽回。我恢复平常的状态。我想到，我已伤害了自己所最爱的人，给了她内心无可弥补的伤害。就这样，我原想免于那种诅咒，却不料反而使它从我的双眉侵袭到自己的胸臆之中。

挣脱烦恼的维特——**歌　德**

※ 歌德纪念币

　　这一切思念，在我因爱与热情、酒与舞蹈而澎湃起来的血液里狂奔，扰乱了我的思考，鞭打着我的感情。因此，我一反昨天的喜悦，落入无尽的绝望之中。幸好日光透过门缝，射到我身上来了。初升的旭日克服了夜的一切魔力，使我再次站起身子。不久我走到户外，纵不能说已完全恢复，气氛却也立即爽快了。

　　可是最使我困惑的，是那些妄念离去后，有关年轻人们的不可避免的正确观察，即青年的早期爱情，不能期待永久持续的结果这种想法，却存留在我脑中。我虽然能够脱离这样的迷妄，可是脱离之际，悟性与思虑也一起作用，使我越感痛苦，故而也不觉得如何可喜。我的热情，越是明了这位少女

的价值，便越是燃烧起来。然后，我不得不失去，而且可能是永久地失去这么多可爱可喜的东西的时辰，终于近了。

　　只要是一个卓越的人，便会随着修养的增进，意识到自己必须在世上，扮演现实上的与观念上的双重角色。举凡一切高贵事物的根源，都可以在这种感情之中求得。我们被派上怎样的现实上的角色，这是我们所明了地经历过的。至于第二个角色，则极少人能够分明。一个人不管将这种更高的使命，求诸地面或天上，现在或未来，终将不能免于因外来的扰乱而发生的影响，心中动摇，无时止息，末了终至下定决心，宣告：适合自己的，才是正确的。

　　青年的本能，喜将自己比拟于小说中的人物，这大约可以说是寻求更高的事物，或者欲与更高的事物比肩的无邪尝试之一。这种本能极为天真，即令有人猛加反对，毕竟是无害的。当我们无聊得几乎想死时，或者禁不住想委身于激情的游戏中时，它能给予我们慰藉。

　　有关小说害处的唠叨与埋怨，永远被反复着。但是，可爱的少女与美貌的青年，把自己放置在比自己更幸福或更不幸的人物立场，究竟有什么不妥当呢？快乐的生活，

究竟值不值得人们必须扔弃一切美丽的要求？或者，每天的需求，已经那样地把人类整个地吞噬下去了吗？

我们待在一块的习惯，越来越根深蒂固，大家已经完全地把我当作家庭中的一分子。将来会如何呢？没有人把这当成一个问题，只是听其自然发展。世上的双亲们，当儿女们处在这种不安定的状态之中时，只有暂时听凭自然。有时，偶然的机遇，会比长时间的计划，产生出更好的结果，保证终生享用不尽。

然而，这壮丽土地的朝晚与季节的推移，却能使人心更高昂起来。澄碧天空的这种亮丽，丰盈大地的这种光辉，柔和的这种傍晚，暖和的这种夜，为了在爱人的身边，或者在她的近旁处享受，只要一股劲地皈依于现在即可。连续几个月间，我们都有清纯灵秀的早晨。天以满溢的露水滋润着大地，并展示其壮丽的极致。使这种眺望不致太单调，这儿那儿的，还有遥远的层峦之上，也屡屡耸峙起巍峨的云峰。这云峰从不遮掩碧空，一连数日，甚至数周之久还不消失。连扫过的骤雨都给土地增添生趣，绿色变得更鲜艳，还没干燥时，那绿色又承受着阳光发生光辉。双层的虹，挂在暗灰色的近乎黑色的天空，两色带状的绿，比我们所看见的更美妙，更多彩，更飒爽，不过也更匆促地消失。

在这样的环境里，生疏已久的诗兴，竟出乎意料地再次涌现。为了鹂丽德里克，我配合著名的曲子，写下了不少诗。它们也许可辑成一小册，但如今留下的却不多。这些诗，我想任何人都可很容易地从我的其他作品当中挑出来。

我原本是为了取得学位而来到史特拉斯堡的，因此把这重要的工作当作是无关紧要的事，当然这是我生活上的放纵之一。考试的威胁，我早已轻易地甩脱了。但是，如今论文的事却非多加考虑不可，因为离开法兰克福时，我就与父亲约好写论文，我自

知识链接

史特拉斯堡

史特拉斯堡目前属于法国领土。但是在历史上，德国和法国曾多次交替拥有对史特拉斯堡的主权，因而该市在语言和文化上兼有法国和德国的特点，是这两种不同文化的交汇之地。谷登堡、加尔文、歌德、莫扎特、巴斯德等德法两国名人都曾在史特拉斯堡居留。

挣脱烦恼的维特——歌 德

※ 史特拉斯堡风光

己也会下定决心。

我把论文提交校方,所幸校方的处置是明智而且诚恳的。系主任是位有活力而且周到的人,多方夸赞了我的成绩,然后把话移到应该考虑的地方。谈话中,我渐渐明白了所谓应该考虑的地方,是指危险的地方之意。他下结论,认为这篇东西,不适于作为学位论文而发表出来。根据他的说法是这样的:你是学士候选人,你已向校方展示出你是位将来大可受瞩望的懂得思索的青年。校方为了不使这个问题拖延,希望你就各个命题来论列。我一无隐瞒地告诉他,他的劝告怎样地为我卸下了心头上的重担。他为了不使我因论文未被受理而悲憾或愤怒,一个又一个地提示了新的论据,我也就越听越觉轻松了。当我那么意外地未对他的论据提出反驳,且认为极有道理而表示愿意一切听从他的指导时,他也总算轻松起来了。

我又开始与复习教师一起用功。若干命题被选出来复印,讨论则以我的餐桌伙伴为论驳对手,非常愉快地,以轻松的气氛做下去。这是因为我从前就养成的引用罗马法典的锻炼大可派上用场,使我得以被认为是一个优秀的人物。典礼以一个惯例上的上等宴席落幕,1771年8月6日,我终于接受了学位。

当时阿尔萨斯被法国兼并不久,人们都还对古来的制度、风俗、言语、服装存着一份依恋之情。大凡被征服的人,当他们被迫失去了他们自己存在的一半时,总会认为自动地放弃其余一半,乃为一项耻辱。唯其如此,被征服者都会对能够使他们想起昔日美好时代的事物,以及那种为他们孕育幸福时代仍会回来这一希望的事物,感到不可名状的执著。

在我们餐桌上，只有德语被使用。沙尔波曼虽然流畅而且高尚地操一口法语，但从其志向与举止而言，无可置疑是个不折不扣的德意志人。雷尔塞几乎可以说是德意志青年的典型，还有麦耶·芬·林道则与其为了说标准的法语而紧张，更愿以地道的德语悠闲地交谈。

然而，比其他任何事物更使我们远离法国人的，是他们反反复复地主张一项目空一切的见解：所有的德意志人，还有那位法兰西文化的醉心者——国王，都是欠缺趣味的。对于这一如叠句般地，在每一种批评言词上加添进去的这个惯用句子，我们只有努力着来忽视它，以求心情的平静。但事实真相却不是容易解明的，这是因为有人向我们断言，即连梅纳琪都说过，法兰西作家样样都不缺，唯独没有趣味。并且我们也确实听到来自巴黎的新消息，最近的作家们都欠缺趣味，甚至伏尔泰都不能完全免于遭受此种最大的责难。我们老早就被反复地教导过应该顺乎自然，所以，除了感情的真实与率直，以及敏捷与朴素的表现以外，什么也不予承认。

以前所叙述的事情之中，也许有人只看外在的偶然机缘，以及个人的特性，不过法国文学本身就具有与其吸引有热忱的青年，毋宁更令人产生反感的某种性质。简言之，法国文学是年老而优雅的。光靠这两者，当然不能满足追求享乐与自由的青年。

就这样，我们成了其他德国人伙伴眼里越来越不顺眼的存在。照我们的意向与个性来看，坚持对象的印象，缓缓地消化它，万不得已的时候也要尽可能地迟些才放弃，这才是上乘的。只要不怠忽诚实的注意，不停地工作下去，任何事都会使我们有所获益；总之，只要有牢不可破的热忱，无疑终必能达到可以表明批判同时又能表明批判的根据之境地。这一点是我们所确信不疑的。同时，我们也不会忽略伟大卓越的法国社会，将会提供我们诸多裨益，因为卢梭是真正合乎我们心意的。

当我们听闻百科全书派的事，或者批阅他们那浩瀚的著述中之一卷时，仿佛漫步于大工厂里正在转动的纱轴与织布机之中。只因那轰然的噪声，扰乱眼睛与神经的一切装设，各式各样复杂无比的设计等，实在太不可解，因而亲眼观察着织造一匹布匹所需的一切东西，内心却对身上的衣服感到可厌可憎。

这所有的事物，再加上影响到

挣脱烦恼的维特——歌　德

我们更有理性了，再也不能丢弃让自己从外来的事物，不，甚至从我们自己，能更独立的那种期望。

这个词儿，纵使是表示某种迷妄，其音响依旧美得使人深感不可或缺。

我们就如此这般地，在法国疆界内，一举将所有法国式的东西扔弃了。他们的生活方式，太过于形式化，也太过于高尚。他们的文学是冷淡的，他们的批评是否定的，而他们的哲学则似乎太艰奥而且有所缺陷。故此，我们差一点就想委身于本来面目的自然。但是，老早就有不同的影响，作用于我们内心中，使我们得以准备好接受更高、更自由，并且真实而又富于诗意的世界观与精神上的享乐。这样的影响，起始是悄悄地、微微地，继而是逐渐明显地、强有力地控制了我们。

这儿所说的，不用赘言，乃是指莎士比亚而言。并且，既经这么说出来了，便无须再加任何补述。莎翁比任何国民，甚至可能比他的祖国人士，更深切地被德意志人所认识。连我们彼此间都不可能给予的一切公明、正当、宽容，我们都那么丰富地献给了他。卓越的人们，尽可能地将他天赋才华的光芒，告诉给人们，至于我，对于凡是为

> **知识链接**
>
> ### 莎士比亚
>
> 威廉·莎士比亚（1564–1616），英国文艺复兴时期伟大的戏剧家和诗人。他的代表作有四大悲剧：《哈姆雷特》《奥赛罗》《李尔王》《麦克白》。著名的四大喜剧：《仲夏夜之梦》《威尼斯商人》《第十二夜》《皆大欢喜》。历史剧：《亨利四世》《亨利五世》《理查三世》等。正剧、悲剧：《罗密欧与朱丽叶》，悲喜剧（传奇剧）：《暴风雨》《辛白林》《冬天的故事》《佩里克勒斯》。还写过154首十四行诗，2首长诗。本·琼森称他为"时代的灵魂"，马克思称他和古希腊的埃斯库罗斯为"人类最伟大的戏剧天才"。
>
>

我身上的其他诸如正当的、愚不可及的、真实的、半真实的东西，更使概念陷入混乱。我们在种种邪路与歧途上彷徨。德意志文学的革命，也就是这样地从多方面酝酿成功，我们就是这革命的目击者。并且，我们还有意识或无意识地，唯唯诺诺或不大情愿地，同时也不可抗拒地，被迫从旁协力帮助。

他的名誉与利益，还有为他而辩护的言词，都一概在我首肯之列。关于这超凡的精神所给予我的影响，我曾经有所阐述。再者，关于他的业绩，也曾经试过二三论述，颇获世人赞同。这儿我真禁不住想插入一些有关他伟大功绩的考察，不过在我能得到机会将它传达给愿意倾听我的话的读者诸君之前，暂时做这种一般性的说明，已经够充分了吧。

此处仅就我怎么会认识了他，稍稍详细地来谈谈。我是稍早时期，在莱比锡的时代，通过托德的《莎士比亚文选》而认识他的。这一类对种种作家只能做片段介绍的选集，想必有些人抱持不同看法，不过它确实有一种良好结果。事实上，我们既非冷静得足以照它的价值来接受整个的某一作品，亦缺乏那样的精神力量。我们不是常在某本书中，只拣直接与自己有关的部分画线吗？尤其是尚无彻底教养的年轻人们，因精彩的部分而兴奋，这是很不错的。因此，我迄今仍能将用上述的书所代表我的某一个时期，当作我一生中最值得回忆的最美的时期之一。那灿然有光的特质、伟大的箴言、确切的描写、谐趣的笔触等，都强有力地敲动了我的心弦。

就在这当儿，威兰的翻译出现了。这译本被贪婪地阅读，也被传告给朋友们，大受好评。当时，许多外国名著以轻快的笔法有趣地被译介过来，所以对我们非常方便。首先是威兰，继而是成于埃森堡手笔的莎翁的散文译本，以简明易读，适合任何读者的读物姿态，顷刻间普及各地，带来异乎寻常的影响。我尊重使诗之所以为诗的律动与韵脚。但是，真正能深切而且彻底地发生作用，真正能促进教化的，是译成散文之后依旧可以作为

※ 莎士比亚自画像

挣脱烦恼的维特——歌　德

那个诗人的东西而留存下来的作品。在此场合，留存下来的是纯粹而完全的内容。如果没有这种内容，也往往可以靠令人眩惑的外表而装扮成有的样子，即使有亦被蒙蔽。因此，我认为在少年教育的当初，散文译本较诸诗译本更为有利。只因少年常常会有如下的情形：即由于少年喜欢把任何事物都当作玩笑，随便将语言的音韵与音节的抑扬当作玩来套用，结果糟蹋了最高贵作品的精湛内容。

因此，我在此请各方考虑荷马的散文化译作。当然，它必须是符合德国文学当前阶段的。这个问题，以及上面所述的各个事项，我想还是请能够把丰富的经验自由自在地运用的、可尊敬的教育家诸公来妥加考察。不过最所盼望的是为了我这个提议，务请能想起路德翻译《圣经》的事实。这位卓绝的人物，用种种文体所写的作品，以及这些作品的诗的、历史的、命令的、训诫的口吻，恰如运用一鼓作气地铸造而成一般的那种浑然的祖国语言，来传达给我们，而相比努力于将原典的特色——摹写出来，其对宗教的贡献是更重大的。其后，有人想将约伯记、诗篇以及其他诗歌，沿用原本的诗形式来让我们欣赏，可惜其辛勤终归徒劳。如果想影响大众，朴素纯正的翻译常常都是最好的翻译。想与原著一较长短的批判性翻译，实则仅是有助于学究们的玩意罢了。

我常有机会，与一群喧哗胡闹的伙伴们到北阿尔萨斯去旅游。但是，与这样的伙伴同去，当然不可能得到什么教益。每当有什么感兴时，从心田中涌现的许多小小的诗，说起来倒也足可装点一下快乐的旅行记，但如今也都散佚了。

我越来越喜欢这一类散心旅游，终于沉湎其中不能自拔。这都是因为与鹂丽德里克的热情交往，如今开始使我感到不安。这种不能顾前思后的青春恋情，好比就是掷进夜空的炸弹。它描出和缓而闪耀的线往上升腾，加进星群之中，好像就要在那里待下去似的，但旋即开始坠落，往相反的方向描出同样的弧，最后在轨道末端破灭。鹂丽德里克还是一如往常。她好像从未想过，也不曾去想过我们的交往，不久可能告终。另一方面，姐姐虽然也还是不愿失去我，但她不会比鹂丽德里克失去更多，比妹妹更无前程。或者她是更干脆的。她屡次和我谈到终究可能来临的离别，努力着使自己接纳她或妹妹所将被迫接受的命运。通常，一个少女要放弃她所爱的男子时，是较不容易落入像一个男子同样要放弃爱人时的那种痛苦之中。青年男子常常都得扮演凄惨的角色。因为青年是快成为一个大人的男子，世间的人期许他能够对自己的境遇有所展望，并且决定性的轻率，总是不适合一个青年男子的。少女放弃的理由，看来常常都是正当的，而男子则不是。

然而，我们怎能预卜那甘美的热情将会把我们拖到哪里去呢？即令明智地斩断情丝之后，还是不能把它放弃，这就是明证。好的习惯，即使我们换了一种做法，依然使我们乐此不疲。我也正是如此。当鹨丽德里克在我眼前时，我的心胸就骚动，她不在时我就想念她，我简直不知还有比跟她交谈更快乐的事。我渐渐少见她，信件的往返则随之愈加频繁。她的信使我能在胸中，把她描绘得又快活又温柔，并且我还总在脑子里，以善意与热情想起她的种种优点。她不在时，我才能轻松自如。在我胸臆里沸腾的爱情，因这隔了远路的交谈而愈加燃烧。每当这一瞬间，我能不去想将来的事，可是时光无情地流逝，紧急的事情一桩接一桩地发生，使我深感焦灼慌乱。这以前，我都对当前的事情给予热切的关注，并借此完成了种种工作。然而当一个人不得不离开一个地方时，总会发生这种事，即临去之际，许许多多的事，一股脑儿汹涌地涌过来了。

在这慌乱之中，我还是禁不住地去再会鹨丽德里克一面。那是一连串痛苦的日子。如今，这些日子里的事，已经不复能记忆了。当我从马背上再伸出手时，她的眼睛里含着泪水。我觉得内心涌起了一种不快。然后，我从小径上策马往曼海姆疾驰而去。这时，一种奇异的预感袭向我。我不是用我的肉眼，而是用心里的眼，看到在同一条路上，我自己正骑着马冲着我疾跑过来。而且那装束还是我从来也没穿过的，是淡灰色带有金点的衣服。我从梦中醒过来，那幻影立即消失了。可怪的是，八年后我身着幻影里的衣服，且不是有意如此，而是偶然穿上这样的衣服，为了造访鹨

※ 俯瞰曼海姆小城

挣脱烦恼的维特——歌 德

※ 美丽的莱比锡

丽德里克也走过同一条路。不管如何，这奇异的幻影，在离别的那一瞬间，多少给了我平安。把壮丽的阿尔萨斯，连同在该地所得到的一切，永远丢下而去的痛苦，也获得缓和。好不容易地，我才从分别时的痛苦中脱离出来，进行平稳开朗的旅程，几乎恢复了常态。

抵达曼海姆后，我太想看看那所蜚声远近的古代美术馆了，便急遽前往。因为早在莱比锡时，我就在温克尔曼与莱辛的著作里读到有关这些重要美术作品的种种论著，可是一直无缘一见。

馆长费夏菲尔特笑容可掬地迎接了我，由他的一位助手引导我到陈列室。这人为我开了门锁以后就留下我一个人，让我尽情而自由地观赏。

这种年轻时期的重大观赏体验，强力地影响了我终生，不过对于紧接其后的时期，则殊少影响。但是，不加零碎的批判，而一面充满愉悦一面加以吸收，这种印象的生产，实在是难以测度的珍贵。一个青年，只要不想批判，也不探索、分析，一任那卓绝的、了不起的东西向自己发生作用，便可享受到这种至高无上的幸福。

55

夏绿蒂

此刻，旅人终于回到老家。比第一次更健康，心情也更开朗。但是整个地看，态度与举止似乎有某种过分的紧张，使人想到精神上的健康尚未臻完全。一到家，我就使母亲陷入艰难的立场。这是因为她被夹在严谨规矩的父亲与我的奇突偏激之中，不得不拼命地试图拉拢双方的差距。

使我这一次在故乡逗留的期间，变得快乐而且丰收体验的诸多人中，舒洛沙兄弟应该是首屈一指的。

通过这两位朋友，不久我就结识了梅尔克。关于我的事，赫尔达已经有不恶的报导，从史特拉斯堡寄给他。这位对我的一生造成极大影响的独特人物，是达隆舒泰德。

此外，达隆舒泰德还有一个教养非常高超的人们所参加的集会。伯爵采邑的大臣兼枢密顾问官芬·赫塞、彼德森教授和温克校长及其他人是本地出生的，在这些卓越的人们之外，加上从邻近外地来的，以及过境的不少旅客，

※ 根据歌德作品改编的话剧《浮士德》剧照

挣脱烦恼的维特——歌　德

知识链接

《浮士德》

《浮士德》是一部长达一万二千一百一十一行的诗剧，第一部二十五场，不分幕。第二部分五幕，二十七场。全剧没有首尾连贯的情节，而是以浮士德思想的发展变化为线索。这部不朽的诗剧，以德国民间传说为题材，以文艺复兴以来的德国和欧洲社会为背景，写一个新兴资产阶级先进知识分子不满现实，竭力探索人生意义和社会理想的生活道路。是一部现实主义和浪漫主义结合得十分完好的诗剧。

事时，他们就千方百计给我鼓励。遇到我为着手什么事而把以前所做的事搁下来，他们就把我责难一顿，《浮士德》已经在进行，《格兹·芬·贝里兴根》也逐渐在脑子里组织起来，并且忙着研究15、16世纪。那所大寺院的建筑，在我心中留下了非常严肃的印象，这印象适巧成了我这些作品的上乘背景。

这时，一方面是由于自己的爱好，另一方面则是因诗创作及其他目的，我正在着了魔般地拼命研究祖国的古代文物，一心想以鲜活的姿态把握住那些东西，不过有时不免因研究《圣经》，或者因种种事物所传达给我的宗教余韵，而误入歧路。这主要是由于在16世纪之际发出那种万丈光芒的路德之一生与其事业，屡屡把我引向《圣经》以及宗教的感情的意见的考察之故。

交互参加这个会。芬·赫塞枢密顾问官夫人和她的妹妹鹊拉克司兰小姐，是罕见的才华出众而资质超群的女性。妹妹亦为赫尔达的未婚妻，这位小姐本身的资质，以及她爱慕这么卓绝的男子，使我感到双重的兴趣。

这一群人如何地给了我活力，实在不是笔墨所能形容。每当我朗诵我已写好或未完成的作品时，他们都欣悦地倾听，而当我明白详尽地诉说刚在那个时候计划着的

究明特别合自己心意的书籍之真髓与特质，这是每个人责无旁贷的事。这时，我们首先必须深思的，是这一类书籍与我们的内心，究竟有何关联，还有就是，我们自己的生命力，因该书所具有的生命力而受到怎样的鼓舞，怎样的丰富。反之，不给我们任何作用，或者觉得有所怀疑的一切外在事物，则均须委诸批判之手为是。大凡批判这回事，有时纵会将全部粉碎，

也决不致从我们夺去所固执的原来基础,也不致使我们那一旦固定的确信,发生丝毫的动摇。

这种灵感的涌发来自信仰与直观的确信,可适用于我们认为最重要的一切事物上面,也会给予我们力量,这就是形成我的道德以及文学生活构造的基盘,亦可看做是妥善地投资下去而获利丰硕的资本。当然,就个别情形而言,有时或不免被引诱而做错误的使用。因为这种观念,《圣经》终于成为我所能真正亲近的书。以前,我就像新教徒对圣典讲义那样,通读了多次《圣经》,还常常忽前忽后地,或忽后忽前地选读,使我得以通晓全书。若说个别的部分,《旧约》赤裸裸的自然,与《新约》温柔的朴素,均使我感到被吸引。当然,整个地来看,是不能完全地进入我内心的,但如今《圣经》里各卷的种种性格,已不再使我迷惑。这就是说,我已经能够历历然地在心中描绘出各卷的意义了。

赫尔达和我之间,还一直继续着惬意的文学方面之交往,不过遗憾的是未能静谧而纯粹地维持它。赫尔达依然故我,时而揶揄,时而责难。要使梅尔克发怒,是极简单的事。事实上,我也会被激得亢奋起来,几乎禁不住大发雷霆。赫尔达好像在所有的作家与其他人们

※《圣经》

之中，最尊崇史威夫特，因此我们也把他和史威夫特一样地称为副导演，这又成为产生感情上种种龃龉与纠纷的原因。

克洛普舒托克早已经靠他的个性与行动，为他自己，也为其他禀赋卓越的人们，赢得信赖与地位。可是，如今这些人在生计方面的安定与改善，也常需克洛普舒托克的援助。这就是说，以前所谓出版业，多半与诸如重要的学术专门书一类的出版物有关，是无需付酬太多的。至于文学书籍，则被看作是一种神圣的事，接受报酬，乃至提高报酬，几乎被视为买卖圣物的邪恶行为。作者与出版业者的相互关系，是非常奇异的。两者亦如一般所设想的，是保护者，亦是被保护者。作者除了其才华之外，被一般公众认为是德高望重的人，集尊崇于一身，稳居于一种精神位置，他们也自以为作品的成功，即为酬报。出版业者则唯唯诺诺，次要的地位，却享受庞大的利益。如今，则金钱的力量使得富裕的出版业者再次位居贫穷诗人们之上，保持了很好的均衡。互相表示雅量与感谢，也非稀罕之事。例如布来特柯普与哥德谢，他们终身同住一家。吝啬与无耻之事，尤其是著作权的侵害，还不普遍。

尽管如此，德意志的作家之间，正在掀起某种运动。他们拿自己虽未必寒碜，却非常俭约的境况，与著名出版家的豪奢极侈来比较。他们发现，像盖勒尔特与拉贝纳等诗人的名声是如何响亮，并且大体而言，有声望的作家们，除非有其他的收入来补助生活，否则便得过艰辛的生计。即中等的更底层的人们，也感到改善生活的必要。

然而，文学爱好者们相互间迅速的通信联络，已经开始了。《年刊诗集》结合了所有的年轻诗人，报纸杂志使诗人与别的作家们联结在一块。我的创作欲勃发，不知达到何处。我对自己已经完成的创作是不在意的。只有在社交性的集会上，为自己也为别人，愉快地将它描述出来时，对它的热爱才会苏醒过来。并且，有不少的人自发地对我的大小作品表示其关切。只要是稍稍对创作有兴趣，而且我也以为是有才华的人，不管是谁，我都鼓励他照自己的方式，排除一切外来的影响，尝试写一点什么。同样地，我也受到大家的鼓励，创作新的诗，或者写一点什么。我们就这样，几乎是不合常情地互相激励，互相驱策，结果给大家都带来了各人不同的可喜影响。这样的搅拌与创造，这样的共存共荣，这样的受授取夺，由多位青年，在没有领导人的情形之下，依循各自的个性，随心之所趋，一无顾虑地为之，结果产生了那个著名的、毁誉参半的时代。在这个时代，出现了一群年轻的天才，他们听任在这种年龄的人所特有的大胆热情肆意地奔放，产生了诸多喜悦与美好事物，同时也滥用其力量，酿造出诸多不愉快与祸患。而迸涌自这个源泉的作用与反作用，也就是本卷的主题。

然而，年轻的人们若不是靠着爱来给内心灌输生命，若不是有恋爱（不论其为何种恋爱）活在他们心胸中，则究竟应该在哪里发现最大的关心呢？又应该如何在彼此之间引起关切呢？我不得不在内心里，偷偷地惋叹失去的恋爱。这使我变得温和、顺从。于是我不自觉地有些缺点与过失，一味狂放不羁，听凭热情奔放，在向前突进的绚烂时代，更使伙伴们感到是个可亲可爱的人物。

鹨丽德里克对我的诀别所写来的回信，使我心胸碎裂。因为那儿有为我，也依靠我而蓄积教养的那同一个笔迹，同一个精神，同一个感情。此刻，我终于感受到她所受的损失。我也领悟到，不用说补偿这损失，甚至连缓和它，我都力有未逮。她的影子历历在目。每时每刻，我都感到没有她在的寂寞，更糟的是我不能谅宥我自招的不幸。葛蕾卿被夺，安里黛弃我而去。这一次才是首次罪咎在我。我深深地伤害了一颗无比美丽的心。于是在这阴暗的悔恨时期，没有爱情来安慰我心，痛苦难当，几乎无法忍受。然而，人毕竟要活下去。也因为如此，我才诚实地去涉及别人的事，解除困惑，也为了免于蹈我的覆辙，试着去做和事佬，使有意离别的再次结合在一块。结果我被人家称作"心腹之友"，并且因为常在附近彷徨，所以被称为"流浪人"。为了只有在开阔的蓝天之

※ 歌德与席勒

挣脱烦恼的维特——**歌 德**

下、谷地、山顶，还有原野、森林等才能获致心魂的慰藉，法兰克福确乎是个恰当的所在。

使我动心，夺去我心的任何东西，我都付诸阙如。我那么老实地避开与女人的一切亲密关系。也因为如此，我未能察觉到有个浓情蜜意的守护神，静静地守候在不懂世故的我周围。一个柔情而可爱的女性偷偷地思慕着我，可是我竟一无所觉。也因为如此，我才能在她所赐给我的社交场合里，表现出更明朗更清爽的态度。

过了几年，她亡故以后，我才风闻到这秘藏的崇高的爱。我深受感动。然而错不在我。我终究能够纯粹地，而且诚实地，痛悼这位纯洁无瑕的人儿。这时，刚好是我摒绝了一切激情，发现了顺从自己和自己精神倾向而活下去的幸福时期，故此悼亡之思，也就来得格外美丽。

但是，当我处在因思念鹃丽德里克的境遇而失去心绪平定之际，我又重施故技，在诗歌创作里寻求拯救。我又从事已成为习惯的诗剧自剖。我是希望能借这种自虐性的忏悔，来获取内心的赦免。《格兹·芬·贝里兴根》与《克拉维哥》两剧里的玛莉，以及扮演她们的爱人的那两个坏人，似乎可以说就是这种悔悟与省察的结果。

但是年轻时期的损伤与病患，由于有机生命的健康组织能够代替病损的组织，给予恢复健康的余裕，可以很快地就克服。我的情形也正是如此，幸亏有了不少机会得以锻炼身体，效果显现出来，于是受到了种种刺激，奋起新鲜的元气，体验了新生的喜悦与快乐。不知打从什么时候起，骑马取代了漫无目的的忧郁、烦乱、甚至缓慢的徒步旅行。骑马可以更迅速地，更愉快地，且更方便地达成目的。比我们更年轻的人们，再次开始击剑。尤其入冬之后，我们眼前展现了一个崭新的世界。我马上下定决心，要开始从未试过的溜冰，在短暂时间里，靠磨炼、下功夫与忍耐，虽未想到在这方面出人头地，却也能够与人共享快乐热闹的冰上之乐。

我们就这样，恰如很早就呈示异禀的才华横溢的少年们，只要得到允许便马上回到极单纯的孩童之玩乐般，那么简单地忘却了自己有更正经的工作与使命。这种有时可以独自静静地享受的运动，仿佛凌空漂浮而起般的这种运动，才是真正把我内心里暂时"入眠"的诸多要求震醒的东西。而且一直描绘于心中的种种计划，得以迅速成形，也正是蒙做此运动时之赐。

德意志史上比较黑暗的若干世

纪，好久以来就触动了我的知识欲与想象力。想将格兹·芬·贝里兴根在这种时代环境之中加以戏剧化的念头，在我是具有无比吸引力的事。我热心地阅读了主要的著作。在达特的《公安法论》里，我倾注了所有的注意。我坚忍地穷究了这本书，把那些珍异的细节事实，尽可能地以明晰的形状描绘在心胸里。我为道德的以及诗的意图所付出的这种努力，在别的方面也可以大加利用。于是我决定前往维兹拉尔，这时我在历史知识方面，已经有了充分的准备。原来高等法院是依公安法的规定产生的，其历史正可看作是解开德国诸多纷扰的重要准绳。我没有能从维兹拉尔的逗留中期待较多的喜悦。

小镇虽踞有绝佳地点，建筑物却不佳，我对双重世界的期盼，却也不是十分引人的。这是说，一方是土著的、古老的、因袭的世界，另一方则是受任观察这世界的不同分子的新世界，换言之，即裁判的法院与被裁判的法院。这边有着战战兢兢担心着也许被牵连而卷入官司里，被拖出法庭的许多居民；那边则有长久以来被许为高尚的绅士，却因不名誉的罪行被揭发而判了可耻的刑罚的体面人物。这样的案子聚集起来，描绘出一幅惨淡的光景，不独它本身就已经是麻烦透顶，而且还因种种犯罪乱成一堆，这样的工作，实在令人不想更深入。

我是由于知识欲，不，宁可

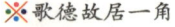
※ 歌德故居一角

挣脱烦恼的维特——歌 德

知识链接

骑 士

骑士或称武士，是欧洲中世纪时，受过正规军事训练的骑兵，后来演变为一种荣誉称号，用于表示一种社会阶层。在此阶段的纷乱局势中，国王和贵族都需要一些在战争上具有压倒性优势的兵种，为此他们会悉心培育一些年轻人，使之成为骑士。而骑士的身份，往往不是继承而来的，其本质也与贵族不同，除了和贵族一样能够获得封地之外，骑士也必须在领主的军队中服役，并在战争时自备武器与马匹。

在骑士文学中，骑士往往是勇敢、忠诚的象征，每一位骑士都以骑士精神作为守则，是英雄的化身，欧洲的骑士制度和日本的武士制度亦有相似之处。

与几乎所有使节中年轻而有活力的随员们碰头。他们很高兴地接纳了我。就在头一天，我就看出他们有意地用浪漫的作为，来使午餐成为快活的事。这就是说，他们靠才智与快活，在那儿演出所谓"骑士的餐桌"。

首座是总司令，旁边是宰相，下来是主要大官，然后是骑士们依年次就座。另一方面，路过的外来人，只好屈居末席，不过这些人多半听不懂他们间的交谈。因为座上所用的话，除了骑士用语之外，还充满讽刺。每个人都被取了个骑士名，而且还有一个诨名。那个被他们称作"老古板格兹•芬•贝里兴根"，其所以称为格兹，乃由于我把注意力集中在这位诚实的德意志祖先之故，老古板则是因为我对那些有幸得以识荆的卓越人们，表明过真诚的爱与归依之故。

还有另外一个奇异的团体，与这骑士团保持着一种关系。它号称哲学性的与神秘性的，却也没有一个固定的称呼。第一阶段叫过程，第二是过程的过程，第三是过程的过程的过程，第四则为过程的过程的过程的过程。说明这种序列的高超意义，也就是会员的义务，其说明系依从一本小册子为之，在书中用更为奇异的方式，来说明这奇异的说法。热衷于这样的事，也就是最好的消遣。看来，这是贝里舒的荒唐与连兹的怪癖混在一块而形成的。这儿我要再反复一次，在这种面具之后，是完全没有任何目的的。

说到我自己，我依然如故，一直以诗歌的创作，来表现自己的感情与思绪。例如《流浪人》这一类的小诗，就是这时期的东西，都收录在《哥丁根年刊诗集》之中。

过去的伟大作品再次浮现出来，普遍地风行的时代，就文学来说，实在是幸福的时代。因为这些作品，会带来完全新鲜的影响。荷马的光辉，也开始向我们投射光芒，并且还是完全适合这种使它出现的时代精神。这就是说，当时回返自然的呼声响彻云霄，故此连古代的作品竟然也从这方面来加以考察。若干旅行者为考证《圣经》而做的事，其他的人则为理解荷马而做。

总而言之，自然与艺术，唯有透过人生始能互相接触，故而我的一切思念与志向之结果，也不出那自古以来的意图——即一面穷究内在以及外在的自然，深情地模仿它，让自然本身来控制自然。

夜以继日，在我心中不停歇地发生作用的除这些影响之外，还有两个庞大的题材，横亘在我眼前。为了产生某种有意义的东西，只要稍稍尊重这些题材的丰美即足。其一正是《格兹·芬·贝里兴根》所活着的那较古老的时代，另一则为《少年维特的烦恼》里所描写不幸的花季的那种比较新的时代。

这儿，我想说明第二篇作品的伦理动机。让自己内在的自然，依其特性自由地活动，同时让外在的自然，依其特质而在自己身上发生作用——这样的意图，把我驱入不可思议的境地。《少年维特的烦恼》就是在这样的境地里构思、写下的。我在内在方面，把自己从一切无关紧要的事解放出来，并以挚

※ 荷　马

挣脱烦恼的维特——歌 德

爱观察外在世界。

我为了使人以及其他一切极微极低的存在，只要是知觉所能及的一切，都能依其各自的方式，对我产生作用而努力不懈。如此，即产生我与自然界个别对象的不可思议的亲密，彼此之间发生细致的共鸣与调和，结果是诸如村落与地方的变化，昼夜、四季的更替，以及其他可能发生的一切变化，都能切实地触及我心。画家的眼光与诗人的眼光结合在一块，因清爽的河流风景而生动起来的田园风光，使得追寻孤独的我的个性，越发地加剧，给我那指向一切方面的沉静的观察，带来滋润。

然而，自从告别塞森海姆的一家人，如今又复离开法兰克福的朋友们与达隆舒泰德之后，我的胸臆里留下了无可填满的空虚。因此，只要些微的爱情隐着身影出现在我眼前，我便会在猝不及防的情形下，可能使一切上好的计划如泡沫般破灭。

这且不表。笔者把自己的计划推进到这个阶段，以后即能以轻松的心情从事工作了。这就是说，我这本书此后将会照我原本的计划来写下去了。本书原不是独立的。可以说，以填满一个作家的生涯之空隙，补足若干断片，为遗忘失落的诸多冒险留下一个记忆，这才是此书的目的。然而，已经做过的事不应当再反复，亦无由反复。即令诗人，此刻在这里，引发被暗云遮蔽住的精神力，亦无补于事。再者，即使针对这衰弱的心力，为了年轻日子里的自己而将逗留于兰溪谷那美丽而令人怀念的交友情形，再次历历然描绘出来，当亦属无何可取的事。幸好守护神早已考虑及此，鼓励我在诗人尚保有其力量之际，把过去的体验牢牢地抓住，来，大着胆子，不失良机地将它公之于世。我这儿所说的，不必再赘述，当然是指《少年维特的烦恼》而言。不过，关于文中所安排的各个人物，以及呈示出来的意向，在此依次吐露二三。

以派驻高等法院的使节团随员身份，为将来的经历而从事见习的年轻人们之间，有位我们简称他为新郎官的人，他以永远不变的沉着态度、明晰的意见、确切的言辞，使之显得出类拔萃。他开阔的活动，坚忍的勤勉，颇得上司的赏识，正式任命已在众人期盼之中。他既已有了这样的资格，所以他决定与完全适合他的气质与期望的某女性订婚。这位优秀的女性在母亲死后，她姐代母职，看顾众多的弟妹，勤奋操劳，还把父亲照顾得无微不至。故此，未来的夫婿认为为自己也为子孙,可向她抱持同样的期望,确实的家庭幸福,已是可期而待之的。纵然不以利己眼光来考虑种种生活目的,她之为好女人是无人否认的。她虽然不是那种使人燃起激烈热情的人,但却是人人都爱的女子之一。轻捷小巧的身材,生就的纯粹而健全的个性,及由此而产生的活泼的活动力,处理日常琐事的纯真率直,这一切她都莫不具备。

新郎是笃实而可信赖的人,因而只要是他所敬重的人,他都马上介绍她认识。由于他终日埋首于公务,所以每每看到未婚妻忙完了一天的家务之后,跟人家聊聊天,或与男女朋友同去散步、郊游,享受社交的乐趣,便觉喜从中来。绿蒂——还是这样称呼她吧——在双重意义下,需求甚少。一方面是由于她的天性,与其特殊的情爱,毋宁更倾向于一般的好意;另一方面则是由于她决心将身子奉献给常公开表示很愿意将自己的命运与她的命运结合在一起的,一位与她相配的男子。在她的周遭,充满着开朗而澄清的空气。

我这个从一切拘束中解除出来的新来者,面对一位已定过亲,也因此对一切殷勤都不当作是求爱,而更能接受那种服务的少女,能够保持悠然自得的心情。但是不久之后,我被她无形的魅力之网包围住、缚住,同时又对受到这年轻一

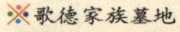
歌德家族墓地

挣脱烦恼的维特——歌 德

※《歌德文集》中文译本

对那种非常亲昵温柔的待遇，而弄糊涂了。这是因为当前的环境不能给我任何满足，故而时时都茫茫然的，如今我居然从一位女性朋友那里发掘出自己所欠缺的东西。我觉得她妥善地计划了整个一年的岁月而过着井井有条的日子，却又似乎一股劲地为瞬间而活着。她很高兴地选择我做同伴。终于我再也不能从她身边离开了，她成了我日常琐事世界的居间者。不久，我们就成了在广泛的家庭生活上，还有田园与牧场，或者花圃与菜圃中不可须臾分离的伴侣。每逢公余之暇，新郎也参加我们。我们三个人，未存心如此而互相亲昵，浑然不知何以我们会成为这么难以分离的伙伴。

我们就如此过了一个美妙无比的夏天。那是纯粹的德意志式牧歌。为了这牧歌，丰美的土地给了我散文，清纯的爱情给了我诗。我们信步行于丰美的麦田，露水凝重的清晨，使我们的心绪清爽。云雀的歌，鹌鹑的声，皆是可喜的曲子。时序移转，暑热增加，大雷雨突然而来，也只是使我们更紧密地结合在一起而已。家庭上诸多小小的烦累，也因不断的爱而能轻易将之拭去。平常的日子就这样一天天流逝，可是每天每天都像是过节，日历都好像需每页涂成红色似的。如果有人还记得《新爱洛伊》里为那位幸福而又不幸的朋友所做的预言："他必会坐在爱人的脚边打麻吧。今天如此，明天亦然，不，他必定希望终生如此，他必可了解我说的这些话。"此刻，我觉得无妨稍稍地——当然也是有必要地——谈一谈某一位男子的事。他的名字，后来常常被世人提到，风行一时。他叫耶路撒伦，是个有自由而纤细的思想的神学家之子。他在某一个使节馆服务。美妙的身材，中等高度，肩宽，脸稍圆，柔和而沉着的容貌，其他各部分也都长得好，堪称金发美少年，而那双眼更充满吸引力。他的服装是模仿英国方式的，属人间常见的，即蓝色燕尾服，黄褐色夹克与裤子，加上茶褐色翻统靴子。笔者未曾造访过他，也没有在家见过他，只是偶尔在朋友家碰过几次面。这位年轻人的言谈是客气的，且充满善意。

传闻中他热爱一位朋友的妻子，不过从来没有人看到两人公然在一块。总而言之，关于他的事，除了是在研究英国文学之外，几乎没有什么可以谈。他是富家的子弟，所以也不必汲汲于工作，当然也不必非及早升官不可。如果正如人们所说，憧憬才是最大的幸福，并且对无法达到的事所抱的憧憬才是真正的憧憬，那么我们这位正在追寻他彷徨轨迹的青年，可说已经齐备了一切使他成为最幸福的人的条件。对已订过婚的女性的爱情，想将外国文学的杰作引进自己国家的文学里，使之同化的志向，把自然的风物，不光是用语言，也用铁笔与画笔，而且丝毫不懂技法就想摹写下来的努力。上述种种不论从哪一项来看，仅仅一项就足以使人热血沸腾，也足以使人感到窒息般的痛楚。

我真等不及介绍梅尔克认识绿蒂，但是当他在我们这伙人中出现了以后，却没有能带来好的结果。恰如梅菲斯特费里斯这家伙，不管到哪儿都极少带来祝福一般，他也对这位可爱的人儿摆出冷淡的样子，即令未使我的心动摇，至少

※ 歌德故乡中歌德与席勒的塑像

挣脱烦恼的维特——歌　德

> 那种老是浪费时间的奇异嗜好，实在令人不堪闻问。"

让朋友也知道自己爱人的优点，可能使这朋友也认为她是极具吸引力的好女人，所以是件危险的事，但同时也可能因他的反对而迷乱了自己的心，这相反的危险也更可怕。当然我不会如此。她那可爱的倩影已镌刻在我的心上，再不会轻易地就消失的。梅尔克把即将与妻子同往的莱茵之旅，向我叙述得一如眼前目睹，使我萌生了这次一定要亲眼一览那经常听人谈起而羡慕不已的那一带风物的憧憬。

他走后，我向夏绿蒂告别。比起离开鹂丽德里克的时候，愧疚少多了，但心中痛楚依然不可避免。在这次的关系里，我也是习惯于亲密，倚仗对方的宽宏大量，使我表现得热情过当。相反地，她与未婚夫却始终牢守不能更美更温柔的分寸，表现得开朗豁达。正是这种感觉，使我忘却了一切危险。但这一次爱的冒险，终究要落幕了，只因这位可爱处女的婚期，就在可期待于近日中实现的这位青年的升迁之后。大凡一个人下了决心，非十分情愿的事也宁愿接受下来的，我也正是如此，趁未被不可忍受的事赶走之时，下定自动离开的决心了。

知识链接

燕尾服

燕尾服起源于英国。在18世纪初，英国骑兵骑马时，因长衣不便，而将其前下摆向后卷起，并把它别住，露出其花色的衬里，没想到这却显得十分美观大方。于是许多其他兵种相继仿效。18世纪中叶，官吏和平民纷纷穿起剪短前摆的服装作为一种时尚，这样燕尾服就产生了，并且很快地遍及了全英国。到了18世纪晚期，燕尾服已经在欧美大部分国家风靡起来了。

也没有给予我任何喜悦。倘若我能想起梅尔克这人原本就不欣赏像她这种只是令活泼与开朗泛现在自己的周遭，却别无所求的纤柔可爱的女性，那么早就可以预见这种结果了。他很快地就选中了绿蒂的一位袭诺型外貌的闺友。而他又由于没有余暇与她结成更亲密的关系，所以他就猛烈地攻诘我不肯努力追求这种外表华美艳丽的女性，而且还认为这个女人是尚未有任何关系的自由之身，故更不可饶恕。他说："你根本就不懂得自己的利益，你

《少年维特的烦恼》

　　我与梅尔克约好，在美丽的季节里我们聚首于柯普伦效的芬·拉·洛修夫人那里。我的包袱送往法兰克福，路上认为有必要的东西，则托兰河的船先行寄去。我自己沿这条弯来曲去，且两岸极富变化的、美丽的河流步行而去。我可以随心所欲自由自在，可是爱情上却好像有所牵挂，不能完全开朗。心理状态，则因处身于默默无言而又活生生的自然之中而感安慰。我那已习惯于发现如画一般的，但却无法神韵俱全地画出来的风景之美的眼睛，眺望着远近的绮丽风光、被灌木丛遮住的岩石、日光下的树梢、湿润的谷地、耸峙的城堡，以

※ 傍晚美丽的法兰克福

挣脱烦恼的维特——歌德

至从远处招手的连峰，都使我永不觉厌倦。

我从右岸走。河流比我的脚稍低，有一点距离，一部分被繁茂的柳树丛遮住，在阳光下闪耀着滑过去。真希望能将这种风物恰如其分地描写下来——这样的古老渴盼，又一次在胸中涌现。我左手上偶然有一把小刀。就在这一瞬间，打从灵魂深处命令般地传过来如下的话：不要犹疑，把小刀扔进河里去，如果能看到它落入河里，你想做个美术家的愿望必可实现。但是，如果小刀落下的地方被柳树丛遮住了，那你就得放弃愿望与努力。这样的念头涌上来时，我立即将它付诸实施。那把小刀是包含种种器具的一整套用具中的一件很方便的东西，我毫无顾惜地握在左手里，用力往河流抛过去。可是在这当儿，我又不得不体验到古代人们为之浩叹的那种使人迷惑的神意之暧昧。小刀落河的地方，被柳树枝遮住而看不见，不过小刀所激起的水花，强烈如喷泉般飞溅，依然可看得好清楚。我没有为这个现象下一厢情愿的判断。并且因为这事在我心胸中所引起的疑惑，使得我不但更疏远了美术方面的锻炼，而且造成了神意的解释进而实现的结果。至少在那一瞬间，我觉得一切都使我厌烦，使我沉湎于自己的空想与感情之中，白白地走过了怀堡、林第、迪兹、纳梭等胜地中的城镇与村落。有时，也会有短时的同伴，不过大多数是我一个人独自行走。

几天快适的徒步旅行之后，我抵达艾姆斯。在那儿痛快地洗了几个澡，这才搭上小舟顺流而下。与往日一般无二的莱茵河，出现在我眼前。奥巴兰愉悦的美景，使我雀跃不已。不过压倒一切，壮丽庄严无与伦比的，则是艾伦布来特愉悦的城堡。它装备齐全，以堂堂的伟容矗立在那儿。山头上有个叫他尔的小村落，与城堡形成一绝妙对照。我在那儿很容易地就找到枢密顾问官芬·拉·洛修的住所。梅尔克早已告知主人，所以这身份显赫的一家人亲切地迎接了我，立即把我当成了家族中的一员。我文学方面的伤感倾向，使我与夫人亲近，与先生则是靠世俗的关心，而千金们则是因年轻使我与她们亲密。

芬·拉·洛修对于凡是可称之为伤感的事物，都不表同意，他自己也经常注意着不显出任何伤感之处，不过对于大女儿的温柔爱意则从不加掩饰。这位姐姐确实是个可爱的女孩。小巧玲珑的身材，高尚大方的姿态，微黑的眼珠，脸色无比的清纯，充满年轻的活力。她也好像与父亲比较亲近，凡事都顾虑父亲。这位父亲则是个极活跃的事务家，大部分的时间都用在职务上的工作。并且来客大多是被夫人吸引着前来的，故此社交上的集会，在他也并不是件很有趣的事。在餐桌上，他倒是开朗而愉快的，似乎有意使自己的餐桌至少能免于伤感的气氛。

明白芬·拉·洛修夫人的癖性与想法的人知道，她以长寿与众多著述闻名于世，是值得每个德国人尊敬的人物，但都不免会推测这个家庭很可能澎湃时起，风波不断的。但这一点完全错了。她实在是个令人惊叹的妇人，我真不知还有谁可与她一比。她苗条纤柔的身材，相当高，直到年纪大了以后，依然保持那种身姿与举止的优雅。

我就这样在无比快乐的新环境里过了些日子，然后梅尔克带着家人来到，立即产生了新的亲密。两位夫人互相接近，而梅尔克又是深谙俗事与实务的人，很快地就与学识丰富见多识广的芬·拉·洛修亲近。男孩子们成了一伙，女孩们则接近我。尤其是那个姐姐，立即使我感到强烈的吸引。旧的热情尚未完全消退，新的热情却又接踵而来敲动我们的心弦，这真是件令人兴奋的事。这好比太阳正要西沉之际，在相反方向竟然升起了月亮，使我们享受到双重的光辉一般。

不论是才华、嗜好还是任何其他兴趣，只要认为是活在自己里头的东西，我都努力培养、抚育、维持，另一方面却也依从父亲的

※ 歌德故居

挣脱烦恼的维特——歌　德

期望，分出一天中相当长的时间，用在律师的工作上面。就在这时，我偶然得到了一个实行它的绝佳机会。外祖父死后，舅父泰克斯多进了市参议会，他把一桩可供我一试身手的小案子让给了我。舒洛沙兄弟也为我做了同样的事。我研究相关文件，父亲竟也津津有味地披阅它们。因为对父亲来说，是儿子的事情有了一个契机，使他重新拾起了荒疏多时的旧日衣钵。我们共同研讨，然后我很轻易地做成了一道文书。我们用了一位优秀的抄写生，不仅是抄写方面的事，其他有关法院的一切手续，他都是可信赖的人。只因这件工作，使得我和父亲更加接近，所以成了我极感愉快的事。父亲对我这方面的表现，大为满意，结果对我所做的其他的事，都采取了纵容的态度——他在内心里，是热烈地期待着，我有朝一日也能够同时赢得作家的名声。

这儿我想回到我自己本身上面，来谈谈我所感觉到的那个冲动。这就是许久以来深思熟虑，一有工夫使希望能付诸实现的剧作计划。

由于我对莎士比亚的作品不住地关心，因而我的精神也颇见扩展。我觉得在窄小的舞台上，受着演出时间的限制，要想弄出一出有分量的戏，实在是十分困难的事。笃实的格兹·芬·贝里兴根亲笔写下的一生，驱策着我不容选择地采取了历史式的处理方式。我的想象力逐渐振翼翱翔，使我终于超越了一切剧作的形式与剧场的限界，接近活生生的现实事件。

一天早上，我未有腹稿，也未预先构思，拿起笔来就开始写。我完成了前面的若干场，晚上念给妹妹珂内丽雅听。这是因妹妹怀疑我能不能继续下去之故，不，不只这些，她甚至还对我的忍耐，表明了决定性的不信任。这使我越发地受到刺激。第二天、第三天，我都振笔疾书。每天报告进展情形，期望也随之高涨起来。题材原本就已充分地融化在我身上，所以随着一步步地进展，整个故事也在我心胸中活生生地形成。我就这样不停歇地苦苦趴在桌上，从不左顾右盼，一股劲地工作下去。大约六个礼拜后，我终于看到一叠装订成册的原稿。我把这消息通知梅尔克。他写来了一封理解而善意的信。我把稿子寄给赫尔达。他不仅表示了冷酷的意见，还不忘写下二三首即兴的打油诗，用讽刺的名字来称呼我。我丝毫未受迷惑，狠狠地盯住自己的对象。骰子掷下去了，问题只剩下如何有利地把棋子摆在棋盘上。

我下了决心，直到目前仍保

存原样的初稿，不更动一个字，另外重新改写这工作我也是全力以赴的，所以二三个礼拜之后，一篇面目一新的作品就完成了。我原本也无意印行这第二稿，只不过是当作习作，将来经过深思熟虑，再处理这个主题时，也好有个基础。也是因为如此，我才会这么说做就做，匆匆下笔的。

但是，当我着手改写时，把种种构想告诉梅尔克，他嘲笑我，告诉我写了又改，改了又写，这样下去会成为什么样的东西呢？根据他的看法，认为如此写法，只能成为另一篇东西，不可能改善的，首先得看清一篇作品能给人怎样的效果，然后才着手新的工作。"不失良机在篱笆上晒，尿布才会干"，他说了一句谚语样的话，又表示迟疑不决只会教人失去勇气。我回答说，自己倾注了无比关爱的作品，如果送到书店遭拒绝，使我感到不愉快。说实在的，年轻人没有名气，而且又只知乱闯的一个写作者，人家会怎么看呢？连自以为还算像个样子的我那篇《同罪的人》，尚且当我不喜欢出书的心情渐渐消失，觉得出版也未尝不可的当儿，终究未能找到表现善意的出版者。

在这时候，梅尔克便充行家的商人活动意识，忽然开始活泼起来。以前，他就通过《法兰克福报》，与学者、书店有了些关系。他认为：就因为这个缘故，我们才更应该出资来印行这特异的、足可惊动人们的作品，而且这样才可以得到厚利。事实上，他跟许多人一样，常常计算书店的利润。他为书店带来大笔赚头的著作也不少。其如果不把别的著作和其他交易方面的损失计算在内，更是为数可观。末了我们决定，纸张由我来想办法，印刷方面全归他张罗。我们就这样，轰轰烈烈地展开了工作。看着自己剧本的潦草稿本，渐渐地成了样张，实在是件赏心乐事。实际上，它还成了比我所料想的更漂亮的书。书印成后（注：时在1773年6月，作者名、发行处、出版者均付阙如），打成很多的小包裹寄发。不久，便到处掀起了不寻常的骚动。这震动还波及每个地方。我们的腰包并不宽裕，想尽早将书发行到各地，也未能尽如人意，结果很快地就出现了盗印版本。加上对我们寄的书，一直未见酬答，现在更不可期望，因此还是被监护人身份的我更拮据。虽然从四方八面投过来的喝彩声响彻云霄，使我大受瞩目，而将我的才华普告世人的纸张之贷款，我却根本不晓得如何偿

挣脱烦恼的维特——**歌　德**

※ 歌德故居前景致

付，陷入一筹莫展的境地。

　　我们都能下定决心，当个军人开赴战场，也能决意不畏艰难、辛酸、连受伤、痛苦，甚至死都可以甘之如饴，然而这样的时候，总是做梦也不会想到，一般人所能预期的灾害困厄会突然降临，因而陷入使我们深感不愉快的特别情形。想勇敢地踏进社会的人，人人都会碰到这种情形，尤对一个作家来说，我自然亦不例外。大部分的读者，比起处理的方式，对题材更感兴趣，因此年轻人们的关心，大多也是有关题材方面的。他们好像从它看到一面军旗，认为此旗所到之处，一切潜藏于青春胸臆中激越粗暴的东西，都可拓展属于自己的天地。

　　尤其狂热起来的，是以前即梦想着有与此类似情形的俊才们。直到今天，我还珍藏着关于一位在诸多方面具有罕见才华之处的毕尔嘉手笔的一封信。虽不知它是写给谁的，但可看做是说明那部作品的出现所造成的影响与刺激的重要佐证。另一方面，属于稳重年纪的人们，不仅责备我用有利的色彩过分描写了强者的权利，还猜疑我的意图是再次招致那种乱世。此外，也有人认定我是个学识深博的人，要求给善良的格兹的故事之原典，加上注释重新出版。我丝毫不以为自己有那样的才学。当然，我没有反对新的版本上刊印我的名字。

　　然而，作者并非一直仅埋首于那部戏曲。在它被构想、执笔、改写、付印，然后广泛流传之间，他的脑子里尚有多起不同的姿影与草案在萌动。其中，在计划里将以戏剧的方式处理的一桩，屡次地经过深思熟虑，已接近完成的阶段。但其表现形式则开始移到另一方面。一般说它是不能算作剧本的，但却也极为接近。这种迁移，主要来自连独白都改成对白的作者之特异性。

　　由于酷爱在众人间打发时间的习惯，故而作者把孤独地沉思时的思绪，也转变成社交性的谈话。而且是如下的情形：即当他独处时，必定在心中把某一个朋友叫来身边。他请那位朋友落座后，就在旁边或者一来一往地踱步，或者在对方面前站住，将当时在自己心中的问题提出来，与对方谈论。

这种属于脑子中的对话，如何地和通信相近，是显而易见的事。但是，后者只要你把话透露出来，便有人回答你，前者则虽无回答，却可以海阔天空地编造新的内心话。故此，如果不是处在进退维谷中的人，而想描绘人生的那种倦怠，作者便只得立即用书信来表达自己的心情。不为什么，只因一切不愉快，莫不是产生于孤独，亦为孤独的徒弟。落入这种心理状态的人，总要规避与自己不能相容的一切事物，对这种人而言，没有比所有快活的社会生活，更使他感到格格不入的。因为别人的生活享受，在他只是痛彻的错误而已。因此之故，他会被原本应该可以把他从他自身引诱出来的东西，赶回自己内心最深处。即令他有意叙述有关此事的自己的想法，也必运用书信的方式。因为对于用笔墨透露出来的想法，不论其为快乐的，还是痛苦的，都不会有人直接表示异议。然而，加上诸多反对理由而写成的回信，极可能使孤独者的忧郁痼疾化，使其顽固情形益趋于严重。在这种意义下写成的那部维特的信，实在是有着种种趣味的。在这里头，形形色色的内容，开始是以脑子里的对话方式，个别地与若干人交谈，末了则是给仅有的一个朋友，亦为同情者的信件。关于受到众多批评的这部书的手法，再喋喋不休地谈下去，想必是非常欠妥的事。不过关于内容，我想再附言几句，也许不会是不可饶恕的事。

对人生的那种厌烦，必有肉体上以及精神上的原因。前者，可交给医生，后者则可交给道德学家去分析研究。而题材方面，既然有了那么多的讨论，那么我们就应当将注意集中在那种现象最易明白地显露出来的主要之点。人生的一切愉悦，基于外在事物有规则的回归。昼与夜、四季、开花与结果的交替循环，其他各时期出现在我们面前，我们可以享受，也应该享受的东西，这才是这世上生活的真正原动力。如果心里能无拘无束地接受这些享乐，我们便越能感到幸福。当这种种现象，没有我们参与而在我们眼前上上下下，我们又不能接受这种温情的建议时，那最大的不幸、最沉重的痛苦便告出现。简言之，人生便已然成了难以承当的重荷。

挣脱烦恼的维特——**歌 德**

※ 歌德镀银铜章

据说，有个英国人为了不必再每日脱衣穿衣，投海身亡。我认识一位充任某大公园管理人的卓越园艺家，有一次他不胜其烦地叫嚷道："难道我非一年到头，看着雨云从西流向东不可吗！"

我国最了不起的人物之一的某位先生，愤愤不平地看着春绿又萌发，说："为了换换口味，真希望春天里仅仅一次也好，来个红色的。"这一类的轶事，实在就是生命的倦怠征兆。这种厌世的结果，以自杀结束自己也不是罕事。这种情形，在思索型、冥想型的人身上，比我们所想象的更为常见。

但是，没有比恋爱的回归更能诱起这种倦怠的了。唯有初恋才是唯一的恋爱，这个说法是正确的。因第二个恋爱，由于是第二个，已经失去恋爱的至高意义。在这错综复杂的文化社会，区分爱的感觉与欲望感情的感觉与道德之分离，在这种场合亦以极端的方式显现，而它依然不能带来任何良好的结果。

再者，举凡青年，对自己未必，但对别人却马上觉察如下的事实：即道德的时期，与四季一样，是会交替变化的。达官贵人的恩惠、权势的宠爱、活动家的保护与奖励、大众的爱好、个人的爱，这一切都流转升沉，一如太阳、月亮、星星，没有人能予以确保。然而，这些都不是单纯的自然现象。这就是说，这些东西，我们会因为我们自己或者别人的罪过，而偶然地，或者注定地丧失。但它是交替变化的。并且我们终究无法确实地把握住它。

最使敏感的青年受苦的，是那时刻不停地在显露出来的人类缺点。实际上，我们须活到相当年老，才能明白我们在培养我们的优点。前者，乃发源于其本身的根源，但同时亦以后者为基础。并且，前者系公然地，后者则悄悄地，都伸展出各种枝枝叶叶，成长茁壮。对于优点，我们多能靠意志与意识来发挥它，至于缺点，则不知不觉之中便犯了，为之大吃一惊，故而前者甚至使我们微微一喜都是罕有的，而后者则不住地使我

们痛苦、烦恼。认识自我的最大困难即在此，它几乎可使自我认识成为不可能。加之，倘若我们再想到沸腾的青春血潮，与因个别的对象而容易麻痹的想象力，以及诸多时代的动荡与变动等等，便可知不会有人认为，脱离这种窘境而拼命努力，乃为不自然之事。

这种阴郁的考察，会紧紧地吸引住人而无所抑止。不过，即使是这种考察，如果不是有外来的诱惑刺激，促发德意志青年的内心，使他们埋首于这种可悲的工作，则不可能在他们心中完成那种具有决定性的发展。其所以发生这种事态，原因在乎英国文学，尤其是英诗。英诗虽然拥有诸多优越的地方，却都带有严肃、忧愁的色彩，给醉心于它的人带来此种感觉。

总之，那严肃的，犹如掘发人类本性的诗，才是我们首先梦寐以求的宠儿。这就是说，有些人依自己的性情而寻求微有悲歌意味的哀愁，有些人则喜欢放弃一切的沉重绝望，甚至懂得扩大那种纯粹的明朗。对我们而言是亦师亦父的莎士比亚，尚且助长了郁郁寡欢的不满气氛，这真是不可思议的事。哈姆雷特和他的独白，依然是魔鬼。所有的年轻人都着了这魔，使得幻影占据了他们的心。人人都背熟了

挣脱烦恼的维特——歌 德

> **知识链接**
>
> **《哈姆雷特》**
>
> 著名悲剧之一，是莎士比亚最负盛名的剧本，同《麦克白》《李尔王》和《奥赛罗》一起组成莎士比亚"四大悲剧"。在《哈姆雷特》中，复仇的故事中交织着爱恨情愁。同时，哈姆雷特也是该剧主人公丹麦王子的名字。
>
> 哈姆雷特在剧中是一位丹麦王子。为父王的鬼魂所困扰，要对杀父凶手复仇。经历了痛苦的挣扎之后他达成了目的，整个王宫也陷入了死亡的恐怖之中。他最后也中了致命的毒剑死去。
>
>

了过得不耐烦便可一死了之的想法，总算挨过百无聊赖的每个日子。这种想法，普及到每个角落，因此，《少年维特的烦恼》也就产生了一个巨大的影响。因为这篇作品的处处紧抓住人心，并且也因为它恰巧是把病态的青春妄想的内涵，准确而明白地描绘出来的作品。

自杀是关乎人类本性的事情。尽管对它已有过太多的议论，但它终究是人人关心的事，每个时代引发过反反复复的议论。孟德斯鸠就曾赋予他作品中的英雄伟人，有自己自由地选择死亡的权利，并说："人人都有在自己悲剧的第五幕里，在自己所高兴的时候落幕的自由。"

这儿，成为我们问题的，是活在极平稳无波的环境里，却因欠缺行为的活动，且对自己要求过高，因而厌腻了活下去的人们。我因为本身就处在这样的状态之中，并且深知在这种状态之中吃过怎样的苦头，以及为了脱离这种苦恼，必须如何努力，故此我想在这儿将我深思凝想的考察，坦率地提出来。

我搜集不少的武器，其中有一把锐利的美妙匕首。我经常把它放在床边。每当熄灯前，我用它锐利的刀口试二三寸，看看是否能顺利刺进胸中。但是总觉得不能成

文中某些主要段落，一有机会便朗朗背诵。并且，没有谁看过亡灵鬼魂，也没人非为父王复仇不可，却人人像丹麦王子那样，认为自己也该忧郁。

处在这样的气氛、这样的环境之中，从事这样的趣味与研究，深受激情无处排遣之苦，且无外来刺激足可驱使他们做有意义的行动，只是茫茫然送走日子，就在唯有这种温吞水般的市民生活，舍此便无其他途径的前提下，由于愤懑与自暴自弃，于是有

功。终于我对自己嘲笑,下定决心把一切心病的愚行抛诸九霄云外,好好地活下去。但是,为了快活地活下去,我必须执行作为诗人的任务。说出有关这重大问题的所感、所思、所妄想的一切。为了这,我搜集了几年来在我心胸彼生此灭的种种材料。我把最使我受到压迫,最使我陷入不安的种种场面,历历然地想起来,但却未能有一件成形。使这些东西成形的事件,也可以说是故事的情节,这便是我所欠缺的。

突然,我听到了耶路撒伦的噩耗。并且在一般的闲言传扬后,马上我就得悉事件最精确最详密的记述。在这一瞬间,我发现了《少年维特的烦恼》的构想。一切从每个方面聚集而来,成了一个坚固的硬块,一如冰点下的壶中之水,因细微的振动而倏忽间凝结成坚冰。确保这珍异的猎物,在心中描写有重大而且复杂内容的作品,细心地完成它,这在我实在是痛切的关心事。当时,还能安定地处在比以前更绝望的状态之中,同时亦处于纵使还不能说是嫌恶,却也是舍不满之外,一无可期的痛苦状态之中,因而这关心也就格外来得痛切。

由于对友妻的不幸爱情而引起的耶路撒伦之死,把我从梦境中惊醒。我不仅单纯地以静观的态度来看他和我所遭逢的际遇,我还因为当时发生在我身上的类似问题而震撼了心灵,故而恰巧在正在执笔的作品里,成功地灌输了不必局限于诗与真实之间的一切境界所有的灼热。外表上,我完全生活于孤独之中,连朋友们的来访都谢绝。甚至内在的东西,只要是与这件工作没有直接关系,便全在摒除之列。反之,所有与这个企图有若干关系的,都予以搜集。然后把自己最近的生活——其内容从未在任何作品中使用过的生活,再次在胸中

※ 法国伟大的思想启蒙家孟德斯鸠

挣脱烦恼的维特——歌 德

反复。就如此在长久，且不为多数人所知的准备之后，我花了四个礼拜写成了我那部《少年维特的烦恼》。我也没有事先构想全文，亦未预先拟定其中部分的处理方式。

全文终于脱稿，少数地方再加了点订正与修改。我把它装订成册。装订成册对著述所发挥的效果，犹如画框之于画，一旦弄好之后，它是否有作为一本书的存在价值，便可更趋明了。这部小小的作品，我几乎是像梦游病患者那样在无意识里写成的，所以为了稍予修正、加笔而再通读一次，这才为这篇作品大吃一惊。然而，我还是希望稍过时日，有了些距离之后再看，可以想出一些有益于作品的发现，我这么期待着，把它交给比我年轻的朋友读。它在他们间引起了莫大的反应。这是因为这次我一反过去的作风，事先既未向谁提起，也未曾透露过自己的意图。

当然，真正引起反响的，这次依然还是题材。他们正处于与我相反的气氛当中。我是比任何构想，更靠此作的完成而脱离了暴风雨般的世界。在那个世界里，我是为了自己的以及别人的罪，也为了偶然的，亦为自己所选择的生活方式，更是为计划以及缺乏思虑，为倔强以及宽恕，而被逼迫着东逃西窜的。我恰如完成了全部的告解般，而再次感到喜悦与自由。古老的祖传秘方，这次发生了无比的灵效。然而，我是借将现实变成诗，而使身心轻快开朗的，谁料朋友们却因为这部作品而陷入疯狂般的混乱当中。因为他们以为应将诗转变成现实。模仿这部小说，并且还认为一定要举枪自杀。开始只是一部分人如此，后来竟扩展到广泛的范围。对我发生了极大功效的这部书，竟被当作有害的东西，大受诽谤。

我立意改写《少年维特的烦恼》，梅尔克却把我狠狠地训斥了一顿，要我照原样刊行。稿子誊清了，可是未能在我手中待多久。这是因为我妹妹与盖尔克·舒洛沙结婚，正在办喜宴的热闹当中，那么凑巧地从莱比锡的怀刚特来了邀稿信。我觉得这巧合是祥兆了。我所得到的稿酬，还清了因《格兹·芬·贝里兴根》而负的债还有余，我觉得非常满意。

这本小册子的影响实在很大，不，简直是匪夷所思的。要使强烈的地雷爆发，只消少许导火药就够，这种情绪在大众之间发生的爆发，也是因为青年阶层早就自行崩溃，所以才会那么强烈，并且其震撼，也是因为人人都让他们夸大的要求、不满的激情、虚构的苦恼等爆发了，才会那样地巨大。我们不能够向世间要求，精神的作品，应当以精神来接受。我早已在朋友们的身上得到体验，此外，实际上举世所注目的，全是内容与题材。同时，另一方面也是由于产生于出版书籍所拥有的严肃的先入为主的看法，即认为那种作品必定有某种教育意义的看法，又告出现了。然而，真正的描述，不会有任何的目的。真正的描述既不承认，亦不谴责。它只是让意向与行为，次第展开罢了。而真实的描写，也就是借此给人启发与教训。

话说回头。人人都想知道，如此突如其来地，且又那么大胆地现身的这位奇异青年作家的底细，那是最大的幸福，或者说最大的不幸。人们渴盼见到这位作家，与他谈谈。即使是遥远地区的人，也热切希望听到有关这位作家的一些点滴琐事。他就这样，被迫体验到或者是高兴的，或者是不愉快的，总之是扰乱心绪的大量民众的涌现。他的面前堆积着好多未完成的工作。即令是像以前一样专心致志地来工作，也够他忙数年时间的。然而他从寂静、熹微、黑暗——即只有这些才能给他力量从事纯粹创作的境地——被拉进白昼的喧哗里。使一个人混进别人之中而迷失自己的世界，也是因同情与冷淡，以及毁誉褒贬而受迷惑的世界。不为什么，只因这些形形色色的外在接触，绝不可能与我们的内在教养一致，因而对我们不能有任何裨益，且是必定对我们造成损害的。

※德国城市广场上的歌德与席勒并肩铜像

挣脱烦恼的维特——歌 德

无私的爱

与展现在大众面前那个震撼一起,同时地,另一个动荡也出现。只因它是发生在笔者身边的事,因此对我的意义恐怕来得更大。造成了那么大的震动的这些作品还在原稿时就已知道它们,因而觉得好像它们就是他们的作品的几个年长朋友们,因他们所大胆预言的成功不期而然地实现,所以发出了胜利的呼声。在这些人之外,又加上了若干新的同情者。特别是自觉有创造力的人们,或者想发掘出创造力,把它培养出来的人们。前者之中,伦兹是最活泼,且颇富异彩的一位。

※ 歌德故居正面

《格兹·芬·贝里兴根》刚刚发表出来，伦兹就给我写来了一篇冗长的文字。此稿题名《关于我们的结婚》，这长文的主要目的是要和我比比才华。有时好像把他自己放在我下面，有时却又好像有并驾齐驱的意思，但整篇都是以潇洒而漂亮的文字来表现，所以我就接纳了他所要表达的见解。我向来对他的才华评价极高，同时也一直热切期望他能够不再放浪形骸到处漂泊，把生就的创作才能用在艺术的表现上面，故此越发使我欣悦地接受了他的意见。对于他的信赖，我报以由衷的好意。他在那篇文章里对我要求最紧密的结合（事实上那异乎寻常的篇名即暗示着这一点），因而在此之后我把已经完成的，以及尚在计划中的作品，全部都告诉了他。

拜读这篇专论，稍稍感到奇异的是他在序言里说，这论文的内容是对依照旧有规则来做的演剧提出激烈的抨击，而这意见早在数年前即在某一个文学爱好者的集会上，以演讲的方式发表过。意思就是说，他的看法是在《格兹·芬·贝里兴根》尚未写成时即已发表出来。我觉得在史特拉斯堡的伦兹的朋友们之间，居然会有我所不知的文学团体，真是使人不解的事。不过这且不管，不久我为他找了出版这篇论文和其他作品的出版社。然而，我做梦也没想到，他竟选中了我作为他空想里的最大憎恨对象，以及奇异的迫害目标。

这儿，我要简略地谈谈另一位了不起的伙伴。他虽没有特别优异的才能，不过无疑也是我们的伙伴之一。

此人名叫华格纳，起初是史特拉斯堡时期的，继而是法兰克福时期我们的伙伴之一，具有相当不错的才学。他极努力，所以颇受欢迎，而且对我还是绝对忠诚的。我原本就不会隐藏住自己的构想，对他也曾吐露过有关《浮士德》的计划，尤其葛蕾卿的最后下场也告诉过他。他抓住了这个主题，在悲剧《婴儿凶杀案》里加以利用。这就是我的构想被人家盗用的第一遭。我很感不快，不过也没有一直记恨。之后我碰到不少次自己的构想被盗被抢的事，可是我总是迟迟不把在心中所组织、描绘的种种东西形诸笔墨，光是说给人家听，因此我实在不能埋怨人家。

演说家和文笔家，为了发挥较大的效果，常常去寻找、发掘一些"对照"来用，因此我下面即将在伦兹之后提到克林嘉，这就自然而然地形成了一个有决定性的对照，使笔者倍感愉快。这两人是同一个

挣脱烦恼的维特——**歌　德**

※ 《爱弥儿》中文版

时代的人，而且年轻时期还是并肩奋斗的。伦兹犹如一颗彗星，在一瞬之间掠过德意志文学的地平线上，未能为人生留下丝毫痕迹却突然消失。反之，克林嘉却成了个有力量的作家与积极活动的实务家，至今仍未失去其力量。

我们爱少女，乃是爱其现在的面目；而爱青年，却是因他所预示的未来面目。因此之故，我才与克林嘉相识，立即成为他的朋友。他的纯粹与深浓情味，使人们乐于与之交往。并且因他显著的稳定个性，而普获人们信赖。这样的青年，特别喜爱卢梭的著作，自是理所当然。《爱弥儿》可以说就是他

的张本，只因此书所揭示的思想，对当时的整个知识阶层产生了广泛的影响，因而更是对他有益。甚至比其他的人们，更对他有所裨益。因为他亦是自然之子，同时也是出身寒微。别人不得不扔弃的包袱，他原本即付诸阙如。别人不得不设法挣脱的环境之压迫，他从未受到过。故此，他被视为自然福音的最纯粹使徒之一，而可当之无愧。并且从他的认真努力以及举止行动来看，他是真正可以这么叫喊的人："一切事都照自然的那个样子就好！""一切事到了人类手里就变坏"这句话，也因为一个不愉快的经验，烙在了他的胸襟。他必须战斗的对手不是他自己，而是他自己之外的因袭世界。日内瓦市民卢梭，就是想从这种因袭世界的桎梏中，把我们解放出来。

不久我又结识了拉瓦达。与他交往，对我是极其重要的，并且也获益良多，这是因为他那有力的激励，使得耽于艺术家式静观的我的稳重个性活跃起来。尽管它还不是马上就可派上用场。

使我感悟殊深并且得益最多的，是与拉瓦达、芬·克勒汀宝小姐的一场会晤。这两位都是彻底的基督徒，而且都能清楚地看出即使是同一个信条，也因各人的意向

不同，而会有所改变其形态的此种情形。在那个宽容主义的时代里，人们反反复复地主张：人们各有其自己的宗教，也各有其敬拜神的方式。我虽然未必能立即赞同此说，不过当面却也承认，男人与女人必须有其不同的救主。芬·克勒汀宝小姐对其救主的态度，一如对无条件献身的爱人。即把一切欣悦与希望，置于人格之上，无所疑虑地将其毕生命运，委诸其人。反之，拉瓦达则把救主当作朋友。舍弃嫉妒，以深切的爱追随他，唯恐落后，承认其功绩，给予高声的赞美，也唯其如此才努力着想效法他，与他并驾齐驱。这两种方向，是多么的不同呵。一般而言，男女两性精神上的要求，在这儿被清清楚楚地表现出来了。

信仰与知识之间的抗衡，当时尚未登上日程。不过这两个词儿，与联结于它们的概念，倒也不免偶尔被当作话题。而愤世嫉俗的冷嘲者，则主张两者均不能信任。也因为如此，我才对信仰与知识双双不表赞同，不过朋友们则未能同意我。我说："对信仰这一点来说，信才是最重要的，至于信什么，则无关宏旨。"信仰是对现在及未来的很大的安全感，而这种安心，产生于对无比伟大的，无限强大的，且无从穷究的存在之信任。这种牢不可破的信赖才是一切。而如何去看这种存在，则应视我们的能力、环境如何而定，确乎是无关宏旨的。信仰可以说是神圣的容器，人们都希望能将各自的感情、悟性、想象力，尽可能地当作献礼来

※歌德故居后花园

挣脱烦恼的维特——歌德

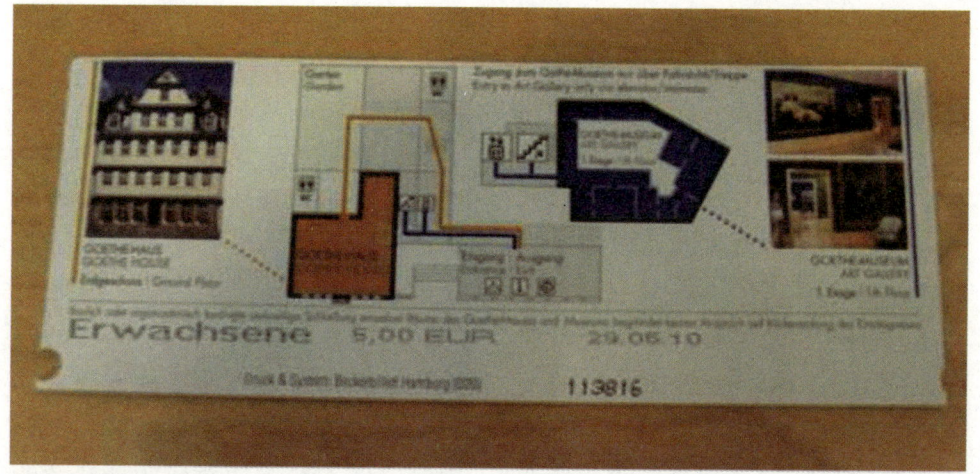

※ 歌德故居门票

投入其中。至于知识,则完全与之相反。知识——其本身完全不成问题,问题在乎知道什么,知道得如何深切,如何多。故此,知识可能引起种种议论,因为知识这东西,是可以修正、扩展、限制的。知识发自个别的事,既无终了,亦无形态,且绝不能被概括,纵令看似被概括,充其量亦不过是一种梦想而已。

我最大的关心,在乎诗的表现,这原本也是最适合我天性的事,不过我也并未完全忽略就各种问题加以思考。雅各比那种对难以究诘事物的独创性倾向,在我也是颇有好感的。我与他之间,从未发生过冲突。像我与拉瓦达之间有关基督教的争论,与巴塞多之间有关教育方面的争执,都未发生过。雅各比所

告诉我的思想,是直接从他的感情产生的。当他以绝对的信赖,向我毫不隐瞒地吐露出奥妙的灵魂之要求时,我竟那么奇异地感到有种东西汩汩地沁入我整个的心胸之中。我从欲求、热情、理念三者如此惊人的结合所感受到的,只是一种想必能在往后的岁月里更趋明确的预感而已。

所幸,我在这方面,纵未能说是极富教养,总也经历了些锻炼,所以能将某一位非凡的人物之存在与想法,吸收为己有。当然,它还不完整,只是仓促间完成的,不过我已经从它那里受到了显著的影响。对我发生了那么决定性的作用,给予我整个想法产生那么大影响的精神,那是斯宾诺莎。当我为了自己奇异的个性,拼命寻求教养手段

而终告落空时,我偶然地和此人的《伦理学》相逢。我真没法说明我从此书读到了什么,以及把什么东西读进其中。总之,我从此书发现到的,是自己的激情之镇静。我仿佛感觉到,我的感性与道德世界,启用了一个巨大的自由与展望。但是,特别吸住我不放的,则是从每个章节辉耀出来的无涯无际的无私。"真正爱神的人,万不可冀求神亦爱你。"这可惊异的语言,与它所据以成立的一切前提,以及它所产生的一切结论,充塞了我的整个思维。凡事都无私,对恋爱与友谊最无私,这是我的最高愿望,是我的原则,亦是我的实践。因此之故,日后我所说的一句不顾一切的话:"我爱你,但这与你又有什么关系呢?"正是我衷心的话。再者,这儿尚有不可忘记的一事,即最紧密的结合,唯独从对立产生。斯宾诺莎那使一切都能和解的平静,与我的使一切激动的志向,恰成对比。他的数学式方法,正与我的诗式想法,其表现方法适成反比。而他那对道德问题似乎是不适当的有规则处理方法,使我成为他热情的门生,也使我成为断然的崇拜者。精神与心情,悟性与感觉,以必然的亲和力互索互求,并且靠这种亲和力,使其互异的东西,融合为一。

※斯宾诺莎

挣脱烦恼的维特——歌 德

梅因兹之旅

那一阵子,有数年之间,我不住地痛切感到必须锻炼自己的力量。在我的内心里,以最大的决心继续了以期使自己的道德完善的活动。我必须把这庞大的要求消化,使其成为自己的血肉。在所有方面,我唯自然是赖。我的眼前,矗立起荣光灿烂的自然。每每想到为义务而尽义务的节操坚定的人们,我觉得,丢弃他们,不,是丢弃我自己,那似乎是根本不可能的事。由于我已看清了把我和那个教义隔开的沟壑,故此我终于非从那些伙伴们的身边离开不可。但是,只因我对《圣经》以及创始者,还有对以前的信徒们的爱,是无可磨灭的,因此,我好比就是造了个自用的基督教,想靠热烈的历史研究,与倾心于我的想法的人们所给予我的缜密注意,来打下它的基础,并将它构筑起来。

※ 基督教堂

我向来都爱以探究出来的东西,立即将之运用而成诗的形式,这次我也有了个有趣的构想。这是把很久以前读了通俗本而刻在心头的有关永恒的犹太人的故事，改写成叙事诗，视情节的发展，而自由自在地将宗教史以及教会史突出的各点描写出来。

人类共同的命运，我们所必须背负着而为之痛苦的命运，自然会在精神力较早发达的人们身上压得更重。我们可以在双亲及近亲的庇护下成长，有时会依靠兄弟与朋友们，受到认识的人的照顾，也会得到所爱的人们的恩惠。然而归根结底，人必须返回到自己本身。试看神与人的关系亦可明白，对于人们的敬畏、信赖以及爱，神未必经常都有所感应，至少在千钧一发之际，似乎未必可期待。我幼小时，当我们最需要救助时，无数地经历过"医生，你医治自己吧"的呼喊。并且无助地叹息说："我独自端酒杯。"一再重复而已。于是我寻找自我独立的确证，终于发现了最确实的基础，此即我自己的创造才华。这才华，数年来未曾片刻离开过我。甚至白天幻境里所看的，晚上又屡屡成为完整的梦境出现。睁开眼一看，奇异而崭新的东西，整个地，或者已有的一部分，出现在眼前。我写东西多半在拂晓。不过在晚上或深夜，因宴席或社交而酒酣耳热之际，也可以应人家的要求

而拿起笔来。问题只是需要在具有某种特色的机会。只要有了这个，我是万事随心所欲的。

细细一想，我这天赋异禀完全是来自个性的，既不能因别人而加强，也不受到妨碍，因此，我想在这天赋上面，建立我自己整个存在的基础。这个想法，转变而成为一个形象。我着眼于那位古代神话里的人物：普罗米修斯。他就是那位离开诸神，在自己的工作地点制造人，将他们送到世上来的普罗米修斯。我也痛切地感到，某种有意义的东西，只在孤独里才能创造出来。博得了那么多喝彩的我的作品，就是孤独的产物。但是，当我与世间的关系扩大以后，构思的力量与欲求虽无所欠缺，却都迟迟不能完成。这是因为不论散文也好，韵文也好，原本都是没有一定方式的，从事新作时，视对象如何，每次都必须回到开头，反复地摸索与尝试。每当这时候，别人的帮助一定要谢绝甚至隔绝，于是我就效仿普罗米修斯，离开了诸神。不过这一点，因我的个性与想法，经常都是由一个意向来涵盖或者摒绝其他的一切，故能更自然地这么做。

当时，我因一种欲罢不能的心情，而作诗与画画两头并进。我把朋友的侧脸肖像，在灰色画纸上

挣脱烦恼的维特——歌　德

※ 波茨坦城市雕塑

用白或黑的画笔作画。自己在口述或者听别人朗读时，我常速写抄写者或朗读者的姿态，以及其周遭的东西，因所绘都能酷肖，故而大受赞赏。

那时候的某一天，我坐在自己因遮蔽了光线而在画室的房间里，并且墙上又挂满画到半途的画，装作好像在从事大制作的模样，努力工作着。这时，一个身长玉立的漂亮男子进来了。我在薄暗里，初以为是弗立兹·雅各比，但马上明白了不是他，这才做了初逢的寒暄。他那无拘束，而且彬彬有礼的举止，无可置疑是一种军队式的。他自称优·克涅贝尔。据他的简单自我介绍，他在普鲁士军旅服役，在柏林以及波茨坦待了颇长时间，其间与该地的文学家以及整个德意志文坛，有着良好而且活跃的关系。

我们聊了一阵子有关德国文学的一般问题，终于我知道了他目前任职于魏玛，且被任命为君士坦丁公子的扈从，这使我大感欣悦。关于该地的情形，以前我已有所耳闻。这是因为从魏玛来了不少客人，他们都证实了雅玛丽亚太公妃为了公子们的教育，礼聘了多位非常卓越的人物，耶纳大学亦由其优秀教授，为此崇高目的而贡献了力量，并且这太公妃不仅是种种艺术的保护者，还亲自彻底地、热心地学习着。还有就是威兰，也得到特别的宠遇。此外，搜罗了多位他处作家们的作品而刊行的《德意志梅克尔杂志》也对发行该刊的都市之名声，有了不小的贡献。

我向他询问这些人的情形，表示希望多知道一些他们的事，这位新认识的客人非常高兴地回答说，太子与君士坦丁公子兄弟俩，已经来到法兰克福，两位都希望与我见面。两位公子很和善地接见了我。太子的辅佐官格尔兹伯爵好像也不大讨厌的样子。当然，也不是没有谈到文学，不过一个偶然机遇成了最好的开头，使谈话有了深切的意义与丰富的结果。

由于两位年轻公子逗留法兰克福的期间非常短暂，所以我答应奉陪他们前往梅因兹，在那儿逗留数日。我当然是衷心欣悦，为了向双亲禀告这好消息而急忙回家。没料到父亲竟然不高兴。这是因为他一向就基于身为帝国直辖市市民的信念，不喜欢与高贵的人士接近的缘故。父亲率直地警告我说，这项招聘只是为了引我落入陷阱，当着他们所宠信的威兰面前，报复我所做的那个小小的恶作剧而已。我明白了像父亲这种了不起的人物，不免也会受到起自妄想的偏见之威胁，因而坚持着与父亲相反的见解。尽管如此，我却也无意正面采取与父亲意见背道而驰的行动。可是左思右想，都没有能想出不致被认为不识抬举、不懂礼仪，而可以取消前约的借口。不巧每逢这一类困扰时，可帮我出主意的好友克勒汀宾小姐又正卧病在床，她与母亲是我最好的参谋。我常称她们为"忠告与实行"。这一次，母亲也为我去请教那位病友。结果她赞同了我的看法，所以我又央求母亲前去说服父亲。最后，父亲虽然还是不肯信任，却也勉为其难地为我网开一面了。

　　时值隆冬季节，我还是依照约定时间抵达了梅因兹（注：时在1774年12月13日）。因我是应聘而来访问，所以受到盛大的欢迎。我们想起了在法兰克福时的交谈，立即找到了话题谈起来。当我们谈到最近德国文学上种种新的尝试新的手法时，话题就很自然地落到那部正被宣传的剧作《神们、英雄以及威兰》上面。提到它以后，我马上欣悦地发现，原来他们对这事件很感兴趣。要我谈谈这部引起莫大震动的剧作是如何写成的，我只有首先招认像我们这些地道的上莱茵人，不管喜欢也好不喜欢也好，凡事做起来便是无限无制的癖性。我们对莎士比亚的推崇，已到了崇拜的境地。可是威兰却有个顽固的怪癖，凡事总非要给读者的兴趣，乃至感

知识链接

波茨坦

　　波兹坦与柏林的宫殿和庭院位于德国波茨坦州，建于普鲁士弗雷德里希二世时期。国王弗雷德里希亲自参与了宫殿的建筑，著名的孔雀岛就位于附近，《波茨坦公告》的签署地——采茨利霍夫宫也位于此地。波茨坦与柏林的宫殿和庭院先后于1990年和1992年被联合国教科文组织作为文化遗产列入《世界遗产名录》。

挣脱烦恼的维特——**歌 德**

※ 莎士比亚故居

　　动，兜头浇一瓢冷水不可，他在莎翁译作的注释里，也肆意地向这位伟大的作者吹毛求疵了一番。而且他那种方式，不仅仅使我们感到不快，还使他这了不起的贡献，在我们眼中打了一个大折扣。作为一个诗人，我们深深尊敬威兰，作为一个翻译者，他对我们贡献良多，然而这以后，我们却认为作为一个批评家，他是个没有主见的，片面性的，而且欠公正的人。

　　加之，他又对我们所当作偶像的希腊人竖起了叛旗，因而我们对他的反感也就更趋激烈了。希腊的诸神与英雄，并不是站在道德的特性之上的，而是站在纯粹的感性之上的。这一点早已是人人知之甚多的事，也唯其如此才能为艺术家们提供了那么了不起的形姿。但是威兰却在《阿尔崔斯第》里，把英雄与半神写成近代式的人物。如果只是这一点，我们当然无话可说，因为依照自己的目的与想法来改变诗的传统，确为每个人的自由。然而看他发表在《梅克尔》杂志上的有关这一部歌剧的书翰，他似乎过分片面地宣扬了这种处理方式，并且也好像对那卓越的古人以及其高贵的形式，加上了不负责任的曲解。这就是说，他完全不承认贯穿古人作品根基的有力而健壮的本性。关于这个不满，我们在我们那个小小的集会里热烈地讨论过，有一个礼拜天下午，议论刚完，我便被那个把什么都要写成戏曲的狂热所攫住，身边放着一瓶上等布尔根特酒，一口气写下了目前那个样子的剧本。我读给大家听，他们大为欣赏，以热烈的喝彩表示欢迎。

我把这部稿子寄给史特拉斯堡的伦兹。他好像也被迷住了，要我马上付印。书信往返了两三次之后，我终于也同意了。他就在史特拉斯堡忙着印行。很久以后我才明白过来，其实这是伦兹为了伤害我，打击我名声所玩弄的最早手段之一。但当时我一点也没有察觉出来，连做梦也想不到会有这样的事。

关于这个问题，我们交换了许多意见，末了公子兄弟俩建议我，给威兰写封伸出友谊之手的信。我欣然地抓住了这个机会。这是因为他已经在《梅克尔》杂志上，对这种青年们的狂傲举止发表了极为宽宏的意见，同时当他遇到文学上的争执时也多半采取了化干戈为玉帛的态度。

这里，我必须再次概括一下那个时代。我们所生于斯长于斯的那个时代，也许可名之为"要求的时代"吧。我们对自己对别人，都要求了形形色色此前未有人完成的东西。简言之，就是在思索及感情上卓越的人们，都忽然开始领悟到，对自然的直接、独创的见解，以及基于此的行动，才是人类所能期望的最上等的东西，而且其达成还绝不是困难之事。经验又成了一般的口头禅，人们都尽其所能把眼睛睁大了。

来看我的访客忽然增多，但不全是对我有益的，我希望能够拒绝。真正落魄的人们，无耻的骗子们，以真伪参半的亲戚关系啦、命运啦等为借口，向我这好心的年轻小伙子提出了一些迫切的需求。只因他们从我这儿借了钱，害得我又不得不向别人举债。为了这，我跟富裕而亲切的朋友们弄得不大愉快。由于过分管了这一类事情，结果父亲为我设想的安全确实的生活计划，也渐渐乱了步骤，迟了步伐，一天比一天不能如预期地过日子了。朋友们之中有人认为，我应当利用前程远大的目前机会，在故乡里安定下来，考虑将来的立身处世之道。因为，虽然首先是由于外祖父，继而又由于舅父，我已不能当市参议会议员，但我所能谋得的地位——暂时就任一个时期，以后尚能期待更高仕途的市民地位，还是为数不少。种种代理业方面，也不难找到工作，再者，驻在官的地位也是有名誉的。我不仅当真，还自以为很适任。其实，它们都是看似悠闲而惬意，工作却还是非公事公办，一丝不苟不可，这样的活儿或业务，对我是不是真正适合，我

挣脱烦恼的维特——**歌　德**

※歌德半身像

未加进一步地考虑。这些人的劝告，还有我的计划，再加上在心中产生了某种微弱的爱，于是我想到成家安定下来。

事情是指前面也提到过的一群年轻男女的集会。这个会虽不是我妹妹创始的，不过她曾大力推动，使它维持并且加强，在她结婚离开这个城市之后，依然存续着。这是因为大家都混得很熟了，每周一次，在这热烈的小集会里过一个愉快的夜晚，这真是再快乐不过的事。我们每周集会时都抓阄，不再像从前决定一对恋人，而是决定配成一对对的夫妇。这意思就是说，爱人之间应当如何互相配对，我们已十分熟悉了，但夫妻之间又应当如何，我们还完全摸不着头脑，如今我们年岁渐长，因此也该学学这方面的事。

可是就在这当儿，发生了一件非常不可思议的事。抓阄的结果，从开头的一次起，我竟连续两次与一位女性配成了一对。她人品极佳，是每个男子都会把她想象成妻子的那种女性。容姿美妙端庄，面貌很能予人好感，举止沉着，显示着身心的健康。她不管什么时候，都永远不会改变。在家也勤于帮家事，邻居们无人不赞赏。虽不多言，但从言谈里可以听出很好的素质与教养。

我们这个社交性的集会，每次都要朗诵一些新的东西。一天晚上，我带来了刚出版的波马谢的鸠坦克得维哥的回忆录原文版。此举博得了空前的喝彩声。过后许多人表示了种种意见，大家唇枪舌剑地讨论了一阵，最后我那可爱的对手说："如果我不是您的妻子，而是您的丈夫，那我就会请求您将这回忆录改变成剧本了。我觉得它非常适合写成剧本的。"

"为了使您明白一身也可以兼做夫与妻，我可以答应您，下礼拜的今天，我把这本书的题材编成剧本，就像刚才这样子朗读给大家

95

听。"我回答她。

这出人意料的允诺,举座为之大吃一惊。我立即开始准备兑现这个许诺。这是说,像这样的场合,一般所谓之构思,于我总是在一瞬间可以完成的。

抵家以前——当然我绕了好远的一段路,作品已有了相当的头绪了。我依从我们的始祖莎士比亚的范例,主要场面与真正戏剧性的表现,不客气地照原本译过来。最后,为了造就一个结尾,套用了英国的一首叙事诗的末尾。不到礼拜五,全剧即已脱稿。想来读者们当已知道,朗读的结果得到了好评。我的主人———那位妻子,非常地为我高兴。我们两人的关系,可说自此已生下了精神上的孩子,而此书的制作,似乎也促进了我们的亲密度,使我们更紧密地结合在一起。

然而关于这部作品,第一个给了我沉重打击的,就是梅菲斯特费里斯——即梅尔克。当我把此书寄给他以后,他写来了如下的话:"这种破铜烂铁,你可不能再写了。这样的东西,别的人也会写。"但是他的意见错了。绝对没有一切东西都非超越一般人所想的观念之上不可。依从极平常的想法所造成的东西,亦未尝不可。如果当时我写下成打这一类的东西——只要有少许鼓励,这是易如反掌的事——其中必将有三四篇,会永远存在于舞台之上吧。

※ 被歌德称为戏剧始祖的莎士比亚塑像

丽丽的出现

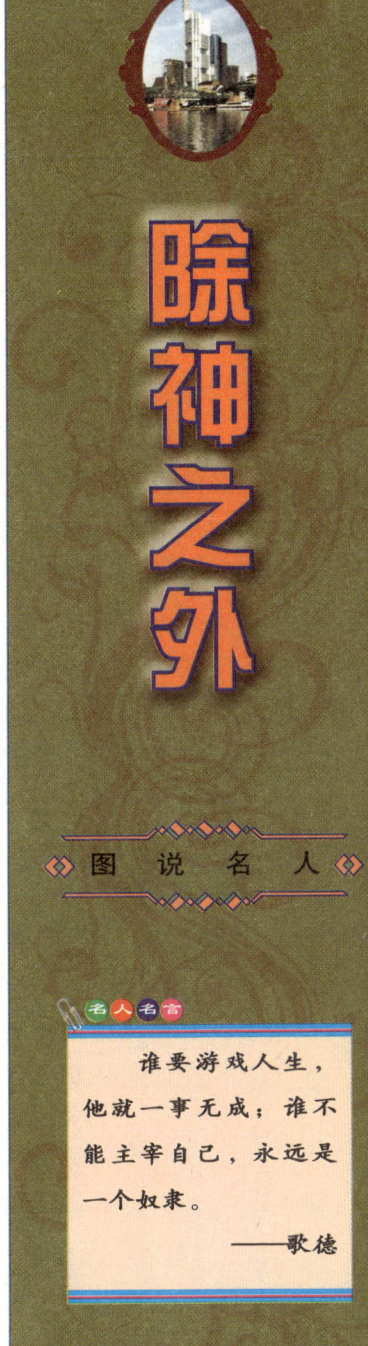

除神之外

图说名人

常言道:"祸不单行。"其实幸福也与此类似。不,在我们周遭聚集过来的其他种种状况,也莫不如此。不知是命运把它们带来的,还是人类原本就有那种能够把互有关联的事吸引过来的力量,总之事实便是如此。

根据我这次的经验,至少为了产生外在的以及内在的和平,一切都发生了一致的作用。我之所以被赋予了外在的和平,乃因不焦不急地等待着人们为我着想而计划之事的结果;而内在的和平,则是因重新开始研究而获得的。

许久以来我就未再思索斯宾诺莎,这次被他的反对论点触动了,又无可选择地回答他。我对斯宾诺莎的信赖,乃来自他所给予我的平和印象。而当我所敬爱的神秘家们,因斯宾诺莎主义之故而受到弹劾时,还有当我明白了莱布尼兹都免不了受这种责难,布尔哈维也因受了同样思想的怀疑而不得不从神学转移到医学时,我的信赖依然坚固。

话虽如此,但如果有人以为我肯定了他的一切著作,并奉之为金科玉律,则又大谬不然。因为我已经很明白,没有人能够理解别人,没有人会看了同样的一句话便引起与别人所想的一样想法,同样的交谈与同样的文字,所引起的思想也因人而异。加上作为《少年维特的烦恼》与《浮士德》作者的我,对这一类误会已见识得太多太多了,故此想来

名人名言

谁要游戏人生,他就一事无成;谁不能主宰自己,永远是一个奴隶。

——歌德

读者诸君必可相信，我根本就不以为自己懂得斯宾诺莎。他是笛卡儿的门徒，累积了数学与犹太神学的教养，高踞思想界的极峰，迄至今日仍是一切思维与努力的目标。

如今，我已经能够对自己内在诗才，完全当作自然来观察。而且被教以外在自然为才华的对象，故而上述情形也就来得益甚。这种诗才之发挥，固然有时不免受某种机缘而被促动、被规定，但它在不知不觉间，不，宁可说在违背意志的时候，才显现得最丰沛，最愉悦。

偶尔夜半转醒，也会有这样的情形。于是我也常常希望能够效法一位老前辈，订制皮背心，养成一个每有突然涌现的思维，就在黑漆一团里摸索着写下来的习惯。有时，忽然有小诗句冲口而出，可是事后常不能照原样想出来，因此碰到这样的当儿，我就急忙奔向书桌，迫不及待地摊开纸，一动也不动地，把它从头到尾疾书下来。为了这缘故，我的当务之急是选用好写的铅笔。我对在这种情况下写下来的诗，抱着特别敬畏的心，因为我对它们，好比就是看着自己孵出的小鸡，自己则是身边吱吱地啼叫着的母鸡。

然而，虽然在我未向它索求之际，让我产生那么多大大小小的种种作品，但它也常常好长一段期间停止活动，即使有意地去索求，也写不出任何东西，因而屡屡为此感到百无聊赖。于是我有了如下的念头：我岂不是应该把自己人性的、理性的、悟性的方面，用在为自己也为别人的事情上面，并在上述的停止期，一如以前所为，把自己献身给世间性的工作，借此一无所余地利用自己的力量。此后我下定决心照这方式来行动，并给过去的犹豫不决打下一个休止符。如此一来，我实际上的勤劳，便可以向人们要求酬报，至于那自然的恩赐，我可以把它当作是神圣的东西，毫不顾惜地施舍出来，想到这里，我禁不住高兴起来了。因为凭这想

※ 荷兰哲学家斯宾诺莎

挣脱烦恼的维特——歌 德

※《浮士德》剧照

法，我终于脱离了那苦涩的感情。不然的话，每当我不得不承认连那么被世间所欢迎所钦佩的才能，都给放在法律的保护之外，予取予求，悉听尊便的时候，必定禁不住为此而深感苦恼。

　　幸福的少年与青年，总是以一种陶醉状态向前迈进。善良的人和天真的人，大多不能顾虑时时刻刻在周遭发生的事态。何况明确地认识它，更属不可能，故此那种陶醉状态也就来得更明显。他们把世界当作自己所能形成的素材，也当作可据为己有的一项储存。他们以为一切都属于他们，一切都是他们的意志所能支配的事物。因此之故，他们轻易落入狂乱放肆的生活当中。但是，如果是稍稍优越的人，

这个方向可发展到一种道德的感激，从而自发地步向真正的，或者外表上的善，不过也常常地被别人所感动，或受到引诱。

　　我们在这儿所谈的那位青年，情形亦复如此。他被一般人看作是奇异的人物，不过欢迎他的人也着实不少。只要相见一次，便知他是不受羁绊能自由思考的人。说话是开朗而坦率的，行动则一无踌躇。关于这最后的个性，有两三个故事如下。

　　有一次，在房屋拥挤的犹太人街，发生了一场大火。我原本就是爱管闲事的，所以很想去助人家一臂之力，便束装赶往火警现场。人们从万圣街蜂拥而来。他们提着盛满了水的桶子奔驰而去，然后提着空桶再跑过来。看了这情形，我立即想到，有这么多的人，如果分成两排来传递水桶，灌救工作必更快速。我提着两桶水站住，叫来了附近的人们。打水来的人们，把桶子交出，回来的人则在另一侧排列。这个方法赢得了人们的喝彩。这是因为我不光是向别人提建议，而是自己也参与其中，因而获得成功。

　　朋友们之中也有些好事者前来看热闹，看到自己的伙伴们穿着绸袜子、短皮鞋——当时的外出装束就只有这些——在做这样的活儿，

个个目瞪口呆。我能拉过来的，只有少数几个人，其他都在笑着摇头不已。我们咬牙大约挺了好久好久。有些人退出了，不过也有更多的人加进来。看热闹的人还陆续涌过来。就这样，我天真的冒险传诵遐迩，我的这一项新发明也在整个街市上宣传了一阵子。

某年冬，特别寒冷，缅茵河完全结冰，成了坚硬的河面。无尽的溜冰场，平滑的河面，拥满了无数的溜冰客。我也一大早就去了。当母亲来到河边看这奇景时，我因衣服穿薄了，冷得不得了。母亲披着一件有毛皮的大红天鹅绒外套，坐在马车上，那件外套看来漂亮极了。突然，我不顾一切地喊："妈，那件外套借我，我好冷哦！"

母亲马上脱下，我就穿上了。那是猩红的颜色，镶着黑貂皮滚边，又有金饰。它长及膝下，与我褐色的毛皮帽子正好相配。我就以这样的一身装束，面不改色地来回遛个不停。

有人说我像个外国人，我又常常不留情面地拒绝人家的邀请，所以有人称我老熊，人们都把我看成是一个自然儿，颇能刺激世人的好奇心。因此，有好些家庭互相商议，千方百计想请我。

一天晚上——这一类事其他时间也发生过——一位朋友屡屡邀我去参加一个卡尔丈派巨贾家的音乐

※ 美丽的缅茵河

挣脱烦恼的维特——歌 德

会。那时，时间已很迟了，不过我凡事喜欢速战速决，所以我依例换了装就与他同去。我们被引到楼下的一个房间。客人非常多。正中有一架钢琴，不久这家的独生女儿丽丽在琴前落座，以了不起的技巧与优雅开始弹奏。我为了看清她的容姿、举止，挨着钢琴下方的一边站住。她的态度，似乎还未脱稚气。弹琴时的全身动作，毫无生硬拘束之处，轻捷无比。

弹毕一曲奏鸣曲，她向我走过来。我们只互相寒暄了一句，未曾交谈，因为四重奏已经开始。这一曲完后，我向她挨近了些，说了些诸如能认识你，而且马上就领略到高超的手法真叫人高兴这一类恭维话。她异常礼貌地答谢了就回到座位，我也只得回到自己的位子。我觉察到她在细心地观察我，我正好成了一件展览品。这其间，我们还彼此把注视的眼光投向对方。我不想否定我感到了一种不可名状的柔和引力。告辞的时候，她母亲表示希望不久能再见面，女儿也微微显示出一份亲密，装出像是同意母亲的话的样子。老实说，我也觉得欣然。我没有忘记隔了适当的期间去拜访。这种见面，所能谈的，不外都是些明朗的常识性的话，根本没法令人想到以后会发展出一场热情洋溢的关系。

※歌德故居一角

订 婚

当我准备在这儿再叙述我与丽丽的关系时,我禁不住地回想起那段有时是连同她母亲一起,有时则是只有我与她两人相处的无比快乐的时光。人们从我所写的东西,把我想象成通晓人情机微的人物。就这个意义上来说,我们的交谈,在精神上实是饶有兴趣的。

然而,非把胸襟打开,人是无法互相倾诉心中之言的。她也提到了种种小小的缺失。她说她不得不承认自己是具有吸引人的天分的,但同时也无由否定有一种去者不追的淡泊天性。就在说着这一类话的当儿,我们碰上了非比寻常的问题。这就是说,她让这种天分也对我发生作用,却不料居然也让她自己被我吸引住了。只因这样的话题是出自纯粹的童稚个性,故此她就靠这原因不由分说地把我攫住。

于是我们开始有了彼此间见面的欲求与见面的习惯。但是,如果我

※ 歌德画像

挣脱烦恼的维特——**歌 德**

没能下定决心，即使是在社交场面的大庭广众之下见一面也好，那么一定被迫好多天好多晚，都直到深夜也不得不忍受不能见她一面的相思之苦。我的种种苦恼便是由此产生的。

我对她的关系，正是人对人的那种关系，即对美丽可爱而又有教养的一个少女的关系。这与我以前的若干关系相似，而且还是更高级的一种。不过对于外界的事情，以及复杂的社交事项等之投入，则丝毫未曾考虑过。总之，我们是被无可压抑的要求所控制着。我不能没有她，她也不能没有我。尽管如此，却因受了她的环境与围绕着她的一群人的影响，我们屡次被迫过了极不痛快的日子与不欢乐的时光。

为何你无可抗拒地吸引我／进入那令人炫目的绚烂之中／我岂不是幸福无与伦比／在荒凉的黑夜之中／悄悄地，我躲入斗室／横卧于月光之下／裹着冰冻的月影／朦胧地入寐而去／而我梦见黄金般纯粹无杂的欣喜之时光／你那柔媚倩影投影于我胸臆深处／牌戏之局灯火灿然／被你留住的是我吗／不得不看着难堪的面孔／呆坐的我岂是真正的我吗／即令原野上的野花／亦比不过你的美丽／你所在处有爱与和平／你所在处有自然……

当我细心朗读此诗，或者充满感情地吟唱，我便会感觉到那充实而幸福的日子的气息，飘拂过身上。下面我还要再加二三说明，尤其要为此诗的结句加一些注释。

我一直都看惯了她穿着朴素常服的样子，可是此刻出来迎接我的她，竟然穿上了当今流行的潇洒衣裳，满身发出灿烂光芒。而这人正是同一个她。那优雅，那柔媚，也丝毫未变。只是我不得不说，她的妩媚比平时增加了许多许多倍。我猜想，这必定是因为她今天来客众多，不得不比平常更活泼，看对方是何人而以适当的举止来应对。

此刻，被盛装所裹住的胸，正是揭开其奥妙让我一睹的那个胸，也是我能窥看自己的胸一般地窥看其里面的那个胸。那唇儿，也正是曾经将她的幼时，以及过去的岁月种种，向我吐露的那双唇儿。互换的眼光，继之是微笑，都在诉说着秘密而高贵的相互间的理解。而当我在这么广大的人群当中，想到我们两人间无邪的默契时，我不禁惊住了。它是极人性地，也极自然地交换的隐秘誓言。

春天来到，同时，田园那种惬意的自由使我们两人的关系更紧密地结合在一起。当时缅茵河畔的奥芬巴哈，已经显现出令人期待的将来发展的征兆。

丽丽的钢琴演奏，使那位善良的安德莱，完全成为我们的伙伴。又是教导，又是叱骂，又是示范演奏，不论白天夜晚，没有一个家族性的集会与社交性的行事没有他参与其中的。这位好好先生约翰·安德莱，只要我们俩交互地怂恿一番，马上就答应了，反反复复地为我们继续弹奏，即使到夜深也不停。托了他的福，互爱的两人便得以确保不可或缺的相处时间。

但是，如果有读者认为如此这般地过日子，未免太窝囊太轻浮，那我得请您想想，这儿由于叙述的方便而描写成似乎是紧接着发生的事情般的生活当中，实则还有未能相见的若干日子，若干礼拜，其中还夹着种种琐事与工作，使我深感焦灼、不愉快。

不管男的也好女的也好，双方都在自己义务的范围内努力地工作着。我也是一面想着当前与将来的事，分内的工作也从不懈怠，还不仅如此，我尚有充分的时间，来完成被自己的才能与热情推动着不得不着手的工作。上午较早的时间用来作诗，白天处理世俗的琐务，这些我都用我独特的方式来做。父亲是位造诣深湛品格高尚的法律家，管理自己财产的事务，以及因朋友们的关系而承担下来的工作，都是他自己处理。父亲因宫廷顾问官的资格，不能以法律为业，但对于亲密的朋友，则以法律专家自命，多方帮助他们。文件做成之后，还要去请挂牌的律师署名，不用说这也都是需要付费给署名人的。

父亲这方面的活动，由于我的参与而更显活跃，可是因为父亲比我的法律知识更扎实，他更高估我的诗人才华，为我周详地考虑，使我能有充裕的时间来从事文学方面的研究与写作。这一点，我当然也很明白。父亲在诉讼文件方面的研究，曾经下过秘密的功夫，是彻底而精到的，但细心的构想方面，却颇为迟拙。我们在一块时，父亲常让我看看案子，我则轻易地把它完成，这似乎就是父亲的无上喜悦，有时还情不自禁地表示：如果你是别人，我一定会非常嫉妒。

话说回头。正如读者们所期望，1775年6月23日，丽丽的17岁生日决定以特别的方式来祝贺。她答应于正午来到奥芬巴哈。

我一面做着准备工作，一面欣赏日落。下沉的太阳预告明日的晴天，应许我们的祝贺节目有个明朗辉耀的阳光。这时，丽丽的弟弟盖尔克慌慌张张地闯进房间来，老实不客气地告诉我明天的庆祝会遭遇

挣脱烦恼的维特——**歌　德**

※《歌德谈话录》

了阻碍。他说，姐姐差他来告，明天中午她不能到奥芬巴哈来参加为她举行的庆生会，原因他不详。不必特别的透视力，我也能够猜测到丽丽之所以不能参加为她而办的庆生节目，决非由于偶然的事故，实在是因为她与我的关系已被外间多方中伤。然而我倒未因此而在情绪上、外表上受到丝毫影响。

我们间的情形正是"我身睡卧，我心却醒"的状况。白天与晚上都无所分别。白天的光也不能胜过爱的光，夜里则因爱情的光辉而如同白昼。

随着我自己将来的希望逐渐展开，我比实际上更重视了它。而且

由于这种公开的关系，如果再继续下去，招致不愉快的结果是必然的，故此我益发地认为无论如何，必须尽早了结。这种场合，通常都如此，我们彼此都没有把这事明言出来。然而，双方无条件地属意于对方，绝不能分离的确信，同样的信赖——这一切促使我慎重地考虑。于是我尽管下定决心，再也不要有这种尾大不掉的关系，却因没有圆满处理的自信，又被卷入这样的关系之中，结果陷入空洞无依，茫然自失的状况。为了脱离这种状况，我又益加勤奋地从事无关大体的世俗琐务。虽然如此，我却又情不自禁地希望能从这类工作，为爱人获得利益与满足。

想来必定有不少人也尝过这种苦楚，就在这样的当儿，为我们助一臂之力的，是一位经常出入于我们家庭的女人。她洞察了我们的关系与事情的经过。她叫德尔芙小姐，多时以来即深受丽丽的母亲信任，还通过我经常出入我家，亦颇为我双亲所器重。她为我向我的双亲交涉。不知她是如何提起的，那么多的困难，也不晓得是怎样克服的，总之，有一天晚上她来看我们，传达了双亲的同意。

"喏，你们握握手吧。"她用她那惯常大模大样的命令方式叫嚷道。

我与丽丽面对面站住，伸出了手。她虽未迟疑，却也缓缓地把手放在我手中。深深地呼了一口气，我们这才猛然地抱在一块。在我的不同寻常的人生航程上，我总算也体验到订婚的滋味，这都是我们的崇高之神的奇异恩赐。

但是，如果读者诸君听到我说，就在那个瞬间，我的心发生了某种变化，一定会为我扬起一阵道德的喝彩声。一直觉得她是美貌、优雅、有魅力的人，如今我却又觉得她是个了不起的，有卓越品格的人物。可以说，她是双重人格的人，她的优雅与可爱属于我，这种感觉与此前并无两样；但她个性的价值，其自信，其处事的稳重可信赖，却是属于她自己。我审视着它，透悟着它，认定这才是终生可享受其孳息的资本，因而深感欣悦。

不论是怎样的境遇，都没有人能分居其巅峰，这是自古以来被说惯了的话，可以说，这是有其道理亦有其意义的一句话。双亲的同意是靠德尔芙小姐的努力所获得的，这如今似乎已成定局，但终究只是私下里的决定，未曾举行过任何仪式。这是因为观念上的事情一旦成为现实——订婚正是一例——以为一切都完结了，却常常是变生肘腋。外面的世界，是彻底无情的。

外面世界原本就经常在那儿断然地主张其自我，所以这也是当然而然的事。热情的自信看似极大，但也常常因碰到现实的阻碍而破灭，这是屡见不鲜的事。

热情往往引起轻易所下的臆断，此刻次第地暴露了一切矛盾。其实，我是应该稍稍冷静地想家里的事，和非常特殊的家庭情形才是。——这种意识当然也有。但是，在这当儿，所期待的又是怎样种类的妇人呀？

细察在我那个家庭里的我自己，再想想把她带进其中的情形，我不得不渐渐地认为她是不适合我的。想起来也是的，过去我每次在她的社交圈里露脸时，为了不使自己在当今的绅士们之间显得逊色，有时，不，是再三地，更换衣饰。然而，像我家，虽是新筑的堂堂的市民住宅，却因落伍的装饰，而使得设备都显出古旧之色，要把一切改成流行式样，这是不可能的事。

因此之故，得到双亲的同意之后，双方家长间还是毫无来往，甚至造成那种机遇都不可能。家庭间一无联系，信仰又有差异，习惯上亦大有不同，我所爱的丽丽纵然有意维持一向的生活方式，而我家虽然也够宽敞，但既无那种机会，且亦乏那种场所。